정태춘

이영미 엮음

✳ 이 책 안에 실린 작품 중 작사, 작곡자가 특별히
명기되지 않은 작품은 모두 정태춘의 작품임을 밝혀둔다.

차례

엮은이의 말

대중가수에서
새로운 노래문화의 일꾼으로

이 영 미

문화평론가

정태춘은 텔레비전 출연을 하지 않으면서도 최근 가장 주목받는 가수이자 작사·작곡가 중의 하나이다. 그는 확실히 우리나라 반세기 대중가요사에서 전무한, 매우 특이한 인물임에 틀림없다.

일제의 문화정치의 일환으로 시작되어 현재까지 계속되고 있는 검열, 심의 등등의 관의 통제와 간섭으로부터 한시도 벗어나 본 적이 없는 우리나라의 대중가요는, 이제는 사랑타령과 관제적 건전가요의 양극단을 오가는 것이 완전히 타성화되었다. 가요계 내부에서는 이러한 것에 대해 근본적인 문제제기를 한다는 것 자체가 거의 불가능한 일이 되어버린 것이다. 더더구나 가요계 내부의 자발적인 구조적 변화나 인기가수, 작곡가들의 자기 변신은 거의 존재하지 않았고 생각조차 하기 어려웠다.

정태춘은 보기 드문 예외이다. 김민기처럼 대학을 다니며 학생운동을 접해보지도 못했고, 한돌처럼 사회성 있는 노래로 출발하여 나중에 가요계로 들어온 것도 아니며, '노래운동'을 하는 사람들과 가까이 지내본 적도 없다. 포크송의 열풍이 거의 끝난 1978년 가요계에 순조롭게 데뷔한 남다르지 않은 대중가요 싱어송라이터였던 그는, 그야말로 완전히 혼자서 고민하고 자기 자신을 변모시키면서 그 거대한 대중가요의 메카니즘으로부터 빠져나오기 시작한 것이다. 대중가요의 쳇바퀴 같은 메카니즘은 그것이 아무리 지겨운 것일지라도, 자신의 물적 기반 즉 밥줄이므로 쉽게 빠져나오지 못한다. 그 무식한 '심의'에 걸려 음반화가 되기란 그리 쉽지 않은, 일반대중가요와는 뚜렷이 다른 사회의식을 지닌 노래를 만들어서 발표를 하는 것은 상당한 용기가 필요한 일일 뿐 아니라 대중가요의 유통 메카니즘을 벗어나 정치집회장에서 노래로서 대중을 만난다는 것은 그야말로 일종의 결단을 요하는 일인 것이다.

정태춘의 중요성은 바로 이 점에 있다. 비록 예외적인 한 개인이기는 하지만 대중가요의 한복판에서, 그것도 삼십대 중반이란 나이에, 새로운 노래문화 건설의 큰 흐름을 향해 거친 물결을 헤치고 과감히 헤엄쳐 나오기 시작했다는 점에 있는 것이다. 그리고 이러한 변모의 밑바탕에는 모순을 극복하려는 민중의 움직임으로 인한 사회와 인간의 의식 변화가 큰 동력으로 작용하고 있음은 말할 것도 없다. 물론 최근의 변화된 그의 작품세계에도 문제가 없는 것은 아니다. 그러나 그것보다 더 중요한 것은 그가 이제 막 본격적인 변화를 하기 시작했다는 점이다.

이 책은 초기로부터 지금까지의 정태춘의 작품들을 한데 모아 정리해보고자 하는 의도로 편집되었다. 대중가요의 한복판에서 과감히 헤엄쳐나오기 시작한 한 개인의 작품세계의 흐름을 살펴봄으로써, 이제 막 본격적으로 변화하기 시작한 그의 작품의 전모를 객관화하고 앞으로의 방향성을 함께 모색하는 좋은 기회가 될 것이다. 따라서 과거 그의 작품들을 그대로 솔직이 드러내 보이고자 거의 모든 작품을 모아 실었고, 해설도 그의 작품세계의 동적인 변화를 염두에 두고 붙여졌다. 이 작품집에 빠진 '사랑의 보슬비' 등 음반에 실린 몇 편과 '바보자식' 등 미발표작 몇 편은 작자의 의견을 존중하여 제외했으며, 그렇게 해도 그의 작품세계의 흐름을 보는 데에는 크게 무리가 없다고 생각된다.

이 책을 통해 우리 모두가 함께 생각할 정태춘의 변화, 발전과정과 앞으로의 가능성은 단지 한 개인의 그것이 아니라, 우리 대중가요계가 도도한 역사발전의 흐름 속에서, 바로 현재 얼마만한 변화 가능성과 한계를 가지고 있는가를 가늠해보는 시금석이 될 것이다. (1989. 11.)

정태춘, 그가 가는 길

문 호 근

민예총 대변인

나는 '시인의 마을' '촛불' 시대의 정태춘을 알지 못했다. 2년 전 '누렁송아지' 공연을 처음 보았는데, 기억에 남는 것은 그의 어딘가 비양거리는 듯한 창법과 거친 음향이었다. 그의 '변신'과정을 모르는 상태에서 그를 만났을 때 내가 받은 인상이다.

그 이후 나는 셀 수 없이 많은 공연을 그와 함께 만들어왔다. 이제쯤 그에 대한 나의 관찰을 일단 정리해보아도 될 것 같다.

이런 이야기부터 시작해보자. 그는 자기 노래를 부르면서도 무대 위에 보면대를 갖다 놓는 때가 많다. 가사를 다 외우지 못하기 때문이다. 일반적으로 가수는 노래의 각 부분의 표현을 어떻게 하면 효과적으로 잘할 수 있을까 연구하고, 그 연구를 연습을 통해 발전시켜나가며, 그러다 보면 선율과 가사는 거의 자동적으로 외워지게 마련이다. 그런데 그는 가사를 잘 외우지 못한다. 무엇을 말하는가? 그의 노래가사가 너무 길어서? 그가 머리가 나빠서?

내 생각에는 이렇다. 그는 '표현'에는 충분한 노력을 기울이지 않는다. 물론 그가 좋은 연주를 위해 노력을 않는다는 말은 아니지만 어느 편인가 하면 대중에게 효과를 거두는 연주보다는 그가 창작하는 노래의 의미 쪽에 더 관심을 둔다는 말이다. 말을 바꾸면 그의 주관심은 창작에 있지 연주에 있지 않다. 다시 말을 바꾸면, 그는 노래가 할 수 있는 새로운 세계를 개척하는 데 뜻이 있지, 개척한 땅을 어떻게 잘 가꾸어낼 것인가에는 관심이 적은 편이다.

그는 계속 앞으로 나아가고 있다. 자기 자신의 삶의 조건과 음악에 대한 고뇌로부터, 우리 삶과 우리 음악의 잘못에 대한 인식, 그 잘못을 고쳐나가기 위한 민족정서의 추구로부터, 그 잘못의 근본 원인인 사회구조에 대한 관심으로, 그리고 사회모순을 척결하기 위한 운동으로부터 모순에 의해 희생되는 민중 개개인의 삶에 대한 애정으로……그는 계속 나아간다.

그는 어디까지 갈 것인가? 민중이 정치적인 주체가 되는 사회가 건설되기 전에는 그의 발걸음은 멈추지 않을 것 같다. 그 다음은? 민중주체의 통일조국 건설? 그 다음은? 그 다음은?

계속 앞으로 나아가는 사람은 외롭기 마련이다. 왜냐하면 앞으로 나아가는 사람은 그리 많지 않기 때문이다. 혼자일 경우도 있다. 그는 혼자이다.

달리 설명해보자. 앞으로 나아가는 사람은 많다. 예술분야만 하더라도 문학에서, 미술에서, 연극에서 정태춘보다 앞서가고 있는 사람들이 많다. 민중음악 분야만 보더라도 그보다 앞서 작업해왔고, 지금도 선구적으로 나아가고 있는 사람들이 많다. 그럼에도 불구하고 그는 혼자다. 그는 '그의 길'을 혼자 걷고 있는 것이다.

대중음악 분야에서 출발하여 아무도 도와주지 않는 상황에서 오직 자기 자신에게 정직하고 충실함으로써 한발 한발 앞으로 나아가고 있다. 앞을 보아도, 옆을 보아도, 아무도 없다. 뒤를 보아도, 아, 뒤를 보아도 아무도 따라오는 사람이 없지 않은가? 위험하다.

어떤 분야에서 한 사람이 앞서갈 때 비슷하게나마 뒤따라오는 사람들이 있으면 힘이 된다. 그들과 사안에 따라 협력할 수도 있고, 때로는 조금 쉴 수도 있다. 그들과 술 한 잔 나누는 일까지가 새로운 충전의 기회가 된다. 그런데 뒤에 아무도 없으면 막막하다. 그의 고된 작업은 혼자의 일로 끝날지도 모른다. 가다가 가다가 그대로 주저앉게 될지도 모른다.

정태춘의 어딘가 비양거리는 듯한 창법은 그동안 많이 개선되어왔다. 그러나 아직도 남아 있다. 그것은 사실 '음악 따위야 사람 사는 일에 뭐 그리 중요할 게 있느냐'는 식의 대중음악 일반의 분위기에서 연원된 것이다.

대중음악은 상업이기 때문이다. 그것은 자본주의의 산물이기 때문이다. 돈이 중요하지, 권력이 중요하지, 음악 따위가 무엇이란 말인가?

그는 '음악'을 더 사랑해야 한다. 그가 가진 유일한 무기가 음악이다. 어찌 소중하지 않으랴?

그는 '소리'에 더 신경을 써야 한다. 그의 무기는 소리를 통해 대중의 손에 들려지기 때문이다. 연주방식의 새로운 개척과 함께, 새로 개척된 방식에 더욱 날카로운 날을 세워야 한다. 훌륭한 음향과 훌륭한 녹음으로 대중을 사로잡아야 한다.

그는 '노랫말'에 더 정성을 쏟아야 한다. 최근작에서조차 시적인 언어구사나 손쉬운 재치가 진정한 토로를 방해함으로써, 대중에게 통렬한 감동을 안겨주는 데 이르지 못하고 있음이 종종 발견된다.

'음악을 구성하는 여러 가지 요소'들을 열정적으로 붙잡아 갈고 닦아낼 때다. 그랬을 때 정태춘은 많은 동료들을 찾게 될 것이다.

그러나 살펴보자. 사실 그는 외롭지 않다. 문학, 미술, 연극 등 예술 각 분야에 그의 동지들이 있다. 민중음악 각 부분에 그의 동지들이 있다. 사회 각 방면에 그와 함께 가는 선후배들이 있다. 그리고 무엇보다도 그를 아끼고 사랑하는 민중이 있다.

그는 혼자 출발하여 어려운 도정을 거쳐왔지만 이제 민중과 함께 가는 큰 대오의 기수로 나서고 있다. 그가 기수로서 들고 있는 깃발은 물론 '음악'이고, 그 깃발이 뒤따르는 대중에게 보다 선명한 것이 되면 될수록 우리의 전체 대오는 더욱 강고해질 것이다. 【1991. 4.】

내 노래는 변혁의 무기

김 영 철

한겨레신문 문화부 기자

지난 늦은 봄쯤이던가 만화가 이현세씨와 술을 먹다 꽤나 얼큰해졌을 무렵 술판을 좀 재미나게 만들어야겠다 싶어 느닷없이 제안을 했다.

"현세형, 가수 정태춘씨라고 알죠. 그 양반 요새 매스컴도 안 타고 어디 이상한 데 댕기면서 재미있게 삽디다. 불러내는 게 어때요?"

호기심이 많고 매사 진지하게 살아가는 이현세씨가 거부할 리 없었고 우린 바로 그가 사는 동네 근처인 석촌호수 주변의 지금은 헐리고 만 포장마차에 자리잡았다. 나는 전화를 걸었고 그는 곧 나온다고 대답했다. 시계를 보니 12시가 한참 넘어 있었다.

만화와 노래 분야에서, 나름대로 독특한 고집과 개성을 가진 비슷한 연배의 이들 '인기인'들을 한자리에 불러 얘기를 붙이는 것도 술맛 돋우는 한 방법으로 생각했던 바였으므로 나는 당연히 조금은 들떠 있었다.

얼마 지나지 않아 고무신을 신은 허름한 남방 차림의 정태춘이 어둠 속에서 나타났고 이현세씨가 반갑다는 인사로 손을 덥썩 잡았다. 술잔이 빠르게 오갔고 대화의 주제는 어느새 만화와 노래를 비롯한 대중문화로 옮겨와 있었다. 술판에 어울리지 않게 얘기는 오늘날 이 땅에 있어 대중문화란 무엇이고 그 기능은 어디에 있느냐 하는 골치 아픈 주제로부터 이현세가 과연 만화를 잘 그리는가, 정태춘이가 정말 노래를 제대로 만들며 또 잘 부르는가, 우리 현실에서 만화는 무엇이며 노래란 뭔가…… 등등으로 두서없이 이어져갔다. 그때였다. 얘길 들으면서 술잔만 연거푸 비워 대취 직전에 돌입한 내 귀에 '술이 확 깨는' 말이 들려왔다.

"내 노래가 사회변혁의 무기로 쓰이고 투쟁의 도구로 활용된다면 큰 보람이오. 그것 자체가 얼마나 자연스런 일입니까? 순수한 노래? 그런 건 없습니다."

그렇다. 기자와 취재원의 관계로 만나 언제부턴가 내가 '형'이라고 부르는 가수 정태춘은 '좋은 노래' 못지 않게 '좋은 세상'이 이뤄지질 누구보다 바란다. 이런 바램에서 그는 좋은 노래를 통해 좋은 세상을 앞당기는 데 자신의 모든 걸 걸고 있다. 어떤 때는 다소 우직하게도 보이는 이 믿음이 지금의 그를 받쳐주는 가장 큰 힘이다.

지난해 말에는 이런 일도 있었다. 가수 정태춘이가 제도권 매체를 거부하고 운동권 집회에 쫓아다닌다는 소문이 막 퍼질 무렵이다. 기독교방송의 심야프로의 '꿈과 음악 사이에서'가 '정태춘 특집'을 하자는 교섭을 해왔다. 그는 대뜸 "아무 말, 어떤 노래를 해도 좋은가"고 물었고 담당 PD는 "그렇노라"고 대답했다. 그는 거기서 심의 때문에 그때까지 전파를 못 타고 있던 '인사동'이란 노래 등 몇 곡을 우선 신나게 불러제꼈다. 그리고 나서 광주항쟁을 묘사한 '광주천'이란 노래를 부르기 직전, 그는 느닷없이 말을 해댔다.

"이 노래를 광주항쟁에서 희생된 영령들과 70년대부터 지금까지 민주화투쟁 과정에서 돌아가신 분들에게 드립니다."

정태춘형은 나에게 이런 얘기를 전하면서 그때 그 방송에서 "학살책임자를 엄격히 조사해서 지위고하를 막론하고 죄다 처벌해야 한다는 말을 못해서 마음에 걸린다"고 토로했다.

그는 그렇게 '한다면 하는 사람'이고 고집불통이다.

그리고 내가 체험한 그를 종합해볼 때, 좋은 세상에 대한 그의 바램과 그 세상에 이르기까지의 자기 노래에 대한 사명감과 그의 고집 모두가 한낱 제스처나 우쭐거림이 아니라 완전한 진심이며 완벽한 진실임을 나는 단언한다. 그는 그렇게 어린애같이 순진한 사람이고 흔치않은 '진국'이다. 정태춘형은 언젠가 "얼마쯤 이렇게 노래하다 보니까 '노래 만들고 부르기'란 것이 삶의 태도나 자세와도 깊은 연관이 있다는 걸 확신하게 됐다"
고 고백하면서 이전의 자기 노래들이 모두 그런 건 아니지만, 대부분 '정
서적 나약함과 도피주의'에 젖어 있을 때 나온 것이 아닌가고 술회한 적이
있다.

이러한 그의 자의식이 이젠 고집으로 굳어져 그는 이제 이전 노래는 어
디에서건 절대 부르지 않는다. 그가 출연하는 운동권 집회에서 가끔 참가
자들이 옛노래를 신청하는 일이 있다. 이런 주문이 오면 그는 즉각 "그렇
게 듣고 싶으면 판 사서 들으라"며 듣기 민망할 정도로 대놓고 면박을 준
다. 이것도 그의 고집이다. 그가 이렇듯 외곬 고집장이요 딱딱한 운동가의
면모를 보인다고 해서, 그를 투박한 감각의 목소리만 높은 정치가수로만
본다면 이거야말로 그에겐 이만저만한 실례가 아니다. 그는 누구 못지 않
는 섬세한 정서의 소유자이며 탁월한 형식주의자다.

국악양식에 대한 그의 집요한 관심은 이미 널리 알려진 것이지만 그가
직접 쓰고 연출한 노래극 '송아지 송아지 누렁송아지'의 사설 몇 대목이나
연출방식을 힐끗 들여다봐도 그가 사실은 높은 수준의 미적 감수성을 지
닌 빼어난 예술가임을 확인하게 된다.

그는 가수치고는 '말을 참 잘 하는 사람'이다. 이 말은 다른 가수들이
말을 잘 못한다는 것이 아니라 정태춘형이 특히 논리적인 맥락을 따라 개
념어나 사회과학적인 용어를 사용해가며 자신의 생각, 현실의 사회문제에
대한 견해를 꽤나 조리있게 엮어낼 줄 아는 사람이라는 의미에서이다. 누
굴 만나든지 얘기가 좀 통한다 싶으면 그는 우리 사회의 모순구조와 거기
서 비롯된 왜곡된 정서, 대중가요의 폐해와 노래운동의 방향 등에 대해 거
침없이 비판하고 분석하고 제시하면서 듣는 이로 하여금 "어, 이 사람, 노
래만 그럴싸하게 하는 줄 알았더니 대단한 양반일세" 하는 생각이 들게
만들어버린다.

그가 지닌 사회과학적 지식이 특히 빛을 발하는 대목은 우리 대중가요
의 저질화·상업화의 근원을 가요의 생산·유통·향유 전과정을 지배하는
자본주의적 이윤추구 논리로부터 분석해낼 때와, 해방 이후 음악교육의 파
행성을 대미 예속관계에서 추출하면서 한국민의 음악적 정서와 감수성의
왜곡문제를 질타할 때이다. 이 때의 그는 제법 우뚝한 '사회과학으로 무장

된 이 시대의 비판적 지식인'이 되어 있다. 그러면서도 그는 여전히 자기는 사회를 분석하는 논리와 미래를 투시하는 눈이 아직은 덜 과학화되어 있는 애송이라고 겸손을 펴기도 한다.

가끔씩 정태춘형이 보여주는 미숙함과 정서적 우직함을 포함해서 나는 그의 이런 면들이 다 좋다. 지금은 전교조 지원 공연으로 한창 바쁜 형에게 이 핑계 저 핑계 대고 구경 한 번 못 간 것을 이 자리를 빌어 사과한다. 나는 정태춘형이 거듭된 발전과 성숙을 통해, 형이 좋아한다는 칠레의 저항가수 빅토르 하라를 뛰어넘는 '우리 시대의 민중가수'가 되길 진심으로 빈다.(1989. 11.)

아, 대한민국…

제1부　(1989~1990년)

　이 시기의 그의 노래는 완전히 대중가요의 범주를 넘어서서 진보적 노래문화의 한 부분으로 자리를 잡는다. 네번째 시기에서 과도기적인 모습으 보였던 사회의식은 이시기에 이르러서는 훨씬 더 정확하고 구체적인 모습을 갖추게 된다. 작품의 제재는 이전보다 훨씬 우리의 사회현실의 첨예한 문제들을 선택하고 있고, 이에 대한 구체적인 형상화가 이루어진다. 그리고 이전까지 그의 의식과 노래 속에 끈질기게 자리잡고 있었던 고향과 전통에 대한 이상향적 생각은 이 시기에 이르러 완전히 청산된다. 고향과 전통, 과거는 더 이상 이 타락한 세상에 대한 구원일 수 없으며, 현실을 보는 그의 시각은 미래로 열려 있다. 그는 이제 민중들의 손에 의해 만들어지는 새 세상과 새로운 역사에 대해 감격스럽게, 또 이러한 역사의 흐름에 역행하거나 무관심한 이들에 대해서는 통쾌한 조소와 야유로, 그리고 현실의 구조적 모순과 지배집단의 탄압에 고난받는 사람들에 대해서는 혼신어린 애정으로 노래한다. 이 시기의 작품들은 이러한 많은 이야기를 담기 위해, 노래치고는 길고 복잡한 가사를 가지고 있어 마치 음유시에 근접한 모습을 보인다. 이러한 음유시적인 작품들이 이전에도 많았지만, 이 시기에는 훨씬 더 집중적으로 드러난다. 그리고 음유시적인 이 시기의 작품들은 그에게는 진보적 노래문화 속에서의 새로운 출발의 본격화를 알리는 것이면서, 진보적 노래문화의 또 하나의 양식적 가능성을 열어주는 것이라고 할 수 있다. 이들 작품은 대부분 그의 최근의 불법음반 '아, 대한민국…'에 국악기와 양악기가 어우러진 편곡으로 실려 있다.

아, 大韓民國…

우린 여기 함께 살고있지 않나
사랑과 순결이 넘쳐흐르는 이 땅
새악시 하나 얻지 못해 농약을 마시는
참담한 농촌의 총각들은 말고
특급 호텔 로비에 득시글거리는
매춘 관광의 호사한 창녀들과 함께
우린 모두 행복하게 살고있지 않나
우린 모두 행복하게 살고있지 않나
아, 우리의 땅
아, 우리의 나라…

우린 여기 함께 살고있지 않나
기름진 음식과 술이 넘치는 이 땅
최저임금도 받지 못해 싸우다가 쫓겨난
힘 없는 공순이들은 말고
하룻밤 향락의 화대로 일천만원씩이나 뿌려대는
저 재벌의 아들과 함께
우린 모두 풍요롭게 살고있지 않나
우린 모두 만족하게 살고있지 않나
아, 대한민국
아, 우리의 공화국…

우린 여기 함께 살고있지 않나
저들의 염려와 살뜰한 보살핌 아래
벌건 대낮에도 강도들에게
잔인하게 유린 당하는 정숙한 여자들은 말고
닭장차에 방패와 쇠몽둥이를 싣고 신출귀몰하는
우리의 백골단과 함께
우린 모두 안전하게 살고있지 않나

우린 모두 평화롭게 살고있지 않나
아, 우리의 땅
아, 우리의 나라…

우린 여기 함께 살고있지 않나
양심과 정의가 넘쳐 흐르는 이 땅
식민 독재와 맞서 싸우다
감옥에 갔거나 어디론가 사라져간 사람들은 말고
하루 아침에 위대한 배신의 칼을 휘두르는
저 민주인사와 함께
우린 너무 착하게 살고있지 않나
우린 바보같이 살고있지 않나
아, 대한민국
아, 우리의 공화국…

우린 여기 함께 살고있지 않나
거짓 민주, 자유의 구호가 넘쳐흐르는 이 땅
고단한 민중의 역사
허리 잘려 찢겨진 상처로 아직도 우는데
군림하는 자들의 배 부른 노래와 피의 채찍 아래
마른 무릎을 꺾고
우린 너무도 질기게 참고 살아왔지
우린 너무 오래 참고 살아왔어
아, 대한민국
아, 저들의 공화국
아, 대한민국, 아, 대한민국…   (1990. 4.)

불법음반 '아 대한민국…'의 타이틀곡이다. 지배집단이 선전하여 대중들에게 일종
의 허위의식으로 자리잡고 있는 현실관과 우리 사회의 실상을 극명하게 대조시키
는 방법으로 우리 사회의 기존 질서와 허위의식들이 결국 소수 지배집단을 위한
것임을 총체적으로 보여주고 있다. 역설적 대조의 효과적 사용은 이러한 작품들이
흔히 가지기 쉬운 설명적 지루함을 극복하게 해준다. 90년 중후반기 집회장에서 가
장 많이 부른 작품이기도 하다.

아, 대한민국
Moderato
Am G Am
우린 여기함께 — 살고있지 — 않나 — 사랑
G Am G/A
과 순결 —이 넘쳐흐르는 이 땅 — 새악
C Em Dm F
시하 나얻지 못—해 농 약을 마 시는참—담한 농—촌의총각들은
E7 F Em
말—고 — 특급 호텔로 비에— 득—시글—거리는
Dm F E7
매—춘 관광의 호—사한창녀들과 함—께 — 우린
Am G Am 1. 2.
모 두행복하게 살고있 지— 않 나 — 우린
모 두풍요롭게 살고있 지— 않 나 —
F Am
아 — 우 리 의—땅 — — 아—
F Am
아 — 우 리 의 나 라 — —

16

우리들 세상

이제 집 사기는 다 틀렸네
예라, 더런 놈의 세상, 미친 놈의 세상
승질나서 돼지겠네

맑은 하늘의 햇살이 남한이나 북한이나
선진국이나 후진국이나, 제일 세계나, 제삼 세계나
아니, 서울의 변두리 셋방살이 내 집에도
차별없이 평등히, 따숩게 내리 쪼일 때
일층의 젊으신 싸모님 햇살이 따가워
넓은 마루 유리문에 그물같은 커튼을 치고
발톱에, 발톱에 메니큐어, 메니큐어
빨갱이보다 새빨간 메니큐어를 바를 때
지하실에 우리 집 애들
책가방만한 창가로 흘러드는 찌그러진 한 조각의 햇살
장난감처럼 만지작거리며 놀다
그 창에 대고 조용히 묻네

“우리는 왜 이렇게 살아야 하나요 ?”

이제 잘살기는 다 틀렸네
예라, 있는 놈의 세상, 가진 놈의 세상
열받쳐서 미치겠네, 하체 힘도 쪽 빠지네

맑은 하늘의 햇살이 남한이나 북한이나
선진국이나 후진국이나, 제일 세계나, 제삼 세계나
아니, 서울의 변두리 비닐 하우스 동네에도
차별없이 평등히 따숩게 내리 쪼일 때
썩어가는 나라 자본의, 독점의 발톱이
한 필지, 두 필지 숨차게 줄을 그어댈 적에
촌놈들 살겠다고 떠나온들 무엇하나

파출부에 날품팔이, 쌩몸 팔아 연명할 적에
못난 부모들 막일 나가고
버려진 애들 아무꺼나 줏어 먹고, 아무데나 묽은 똥질을 할
적에
깡패들이 들이닥쳐 그 집을 부술제
그 아이들이 조용히 묻네

"우리들 세상은 이제 망한건가요 ? "

아니, 이제 바로 시작이다
저 망치, 몽둥이를 뺏아라, 이제 너희들의 것이다
이 더런 집들을 때려부수자, 부숴, 부숴 ! !

"이젠 또 무엇을 부술까요 ? "

여기 패배와 순종, 체념과 그 비굴
네 애비의 의식에 내리쳐라
이 죽은 의식에 내리쳐라, 쳐라, 쳐라 ! !

이제 바로 시작이다
이제 바로 시작이다
우리 세상, 우리 세상, 우리 세상 ! !

(1989. 5.)

철거민 이야기를 다룬 작품으로, 거친 말투와 구체적 묘사, 앞으로 건설할 새 세상
이라는 미래 지향성 등으로 이 시기 그의 변화를 가장 뚜렷하게 드러내는 작품 중
의 하나이다. 거칠지만 해학적 분위기로 때려부수듯 외치는 부분과 가진 자들에 대
한 야유 섞인 묘사, 못 살고 쫓겨나는 빈민·철거민에 대한 슬픔어린 묘사가 가사뿐
아니라 악곡 속에서도 극명하게 드러난다. 호탕한 풍물반주가 인상적이다.

빠른 굿거리
이 제 집 사 기 는 다 틀 렸 네 — 예 라 더 런 놈 의 세 상 — 미 친 — 놈 의 세 상 — 승 질 나 서 돼 지 겠 네 — —————
이 제 잘 살 기 는 다 틀 렸 네 — 예 라 있 는 놈 의 세 상 — 가 진 — 놈 의 세 상 — 열 받 쳐 서 미 치 겠 네 — —————
하 체 힘 도 쭉 빠 지 네 — —————
맑 은 하 늘 의 햇 살 이 남 한 이 나 북 한 이 나 선 진 국 이 나 후 진 국 이 나 제 일 세 계 나 제 삼 세 계 나 ————아니
서 울 의 — 변 두 리 셋 방 — 살 이 내 집 에 도 차 별 없 이 — 평 등 히 따 숩 게 내 리 쪼 일 — 때 — ————
일 층 의 젊 은 싸 모 님 햇 살 이 따 가 워 넓 은 마 루 유 리 문 에 그 물 같 은 커 튼 을 치 고 — — — —
발 — 톱 에 발 — 톱 에 메 니 큐 어 메 니 큐 어 빨 갱 이 보 다 새 빨 간 메 니 큐 어 를 바 를 때 — — — 지 하
중모리
실 에 우 리 집 애 들 — 책 가 방 만 한 창 가 로 흘 러 드 는 씨 그 리 진 한 조 사 의 햇 살 상
난 삽 처 럼 만 지 작 거 리 며 놀 — 다 — 그 창 에 대 고 조 용 히 묻 — 네 — — "우 리 는 왜 이 렇 게 살 아 야 하 나 요 ?"
빠른 굿거리
아 니 이 제 바 로 시 작 이 다 저 망 치 몽 둥 이 를 뺏 아 라 이 제 너 회 — 들 의 것 이 다 이 더 런 집 들 을 때 려 부 수 자 —
부 숴 — — — — — — — 부 숴 — — — — — "그 만 ! ! 이 젠 또 무 엇 을 부 술 까 요 ?"
D.C.

네애비의
여기 패배와 순종—체념—과 그비굴 의식—에 내리쳐라 이죽은 의식에—내—리쳐라 —
쳐라—— —— ——— 쳐라—— — — 이제바로시작이다 — 이제바로시작이다 —우리
세상—— — —우리 세상—— — —우리 세상—— — —우리 세상—— — !
Fine

黃土江으로

저 도랑을 타고 넘치는 황토물을 보라
쿨렁 쿨렁 웅성거리며 쏟아져 내려간다
물도랑이 좁다, 여울목이 좁다
강으로, 강으로 밀고 밀려간다

막아서는 가시덤불, 가로막는 돌무더기
예라, 이 물줄기를 당할까보냐
차고, 차고 넘쳐간다

어여 가자, 어여 가 구비구비 모였으니
큰 골자기, 마른 골자기 소리 지르며 넘쳐 가자
어여 가자, 어여 가 성난 몸짓, 함성으로
여기 저기 썩은 웅덩이 쓸어버리며 넘쳐 가자

가자, 어서 가자, 큰 강에도 비가 온다
가자, 넘쳐 가자, 황토강으로 어서 가자
가자, 어서 가자
가자, 넘쳐 가자

어여 가자, 어여 가, 쿠르릉 쾅쾅 산도 깬다
옛다, 번쩍, 천둥 번개에 먹장구름도 찢어진다
어여 가자, 어여 가, 산 넘으니 강이로다
강바닥을 긁어버리고 강둑 출렁 넘실대며

가자, 어서 가자, 옛 쌓은 뚝방이 무너진다
가자, 넘쳐 가자, 황토강으로 어서 가자
가자, 어서 가자
가자, 넘쳐 가자

(1989. 7.)

중모리
저 도 랑 을— 타—고 넘 치 는— 황 토 물 을— 보 라—
쿨—렁 쿨 렁—— 웅—성 거 리 며—— 쏟 아 져 내 려— 간 다 —
물 도 랑 이 좁 다 — 여 울 목 이 — — 좁 다 —
강 으 로 — 강 으 로 — 밀—고 밀 려 — — 간 다 —
중중모리
막 아 서 는 가 시 — 넘 불 — 가 — 로 막 는 돌 무 — 더 기 —
예 라 이 물 줄 기 를 당 할 까 보 — 냐 차 — 고 차 고 넘 쳐 — 간 다 —
어 여 가 자 어 여 — 가 구 — 비 구 비 모 였 — 으 니 —
어 여 가 자 어 여 — 가 성 — 난 몸 짓 함 성 — 으 로 —
큰 골 자 기 마 른 골 자 기 소 리 지 르 며 넘 쳐 — 가 자 —
여 기 저 기 썩 은 웅 덩 이 쓸 어 버 리 며 넘 쳐 — 가 자 —

1989년 7월 거창 농민회에서 주최하는 집회에 갔다오면서 지은 노래이다. 바위와 가시덤불, 뚝방까지도 무너뜨리고 쓸어버리며 힘차게 흘러가는 누런 강물에 대한 묘사는, 아무도 가로막을 수 없는 민중의 힘찬 진군, 역사의 필연적 흐름에 대한 상징적이면서도 낙관적인 형상화이다. 간주와 후주 부분은 우르릉쾅쾅거리는 강물의 흐름을 연상시키는 경북 금릉 농악의 한 부분을 썼다.

형제에게

간힌 자 더욱 자유로운 땅
이 땅에 흐느끼는 소리여

높은 담벽 아래 시들은 풀잎
저보다 더욱 초라한 역사여

깨인 자들에게 쏟아지는 시련
달빛 속으로 쫓기는 양심들

주검 없이 죽어간 청춘의 꽃들
다시 활짝 피일 참 세상은 어디

아, 묶여서도 통일이라네
다시 만나야할 형제 있으니

아, 갇혀서도 해방이라네
조국의 역사로 살아 숨 쉬니

(1989. 11.)

양심수 석방을 위한 행사를 위해 만들었다. 이 시기의 작품 중 대중적으로 함께 불
릴 가능성이 있는 드문 작품으로, 이전 시기 그의 서정적인 작품들과 진보적 음악문
화의 흐름이 결합된 듯한 작품이다.

형제에게

갇힌 자 너욱 자유로운 땅 이땅 에—흐느 끼는소리 여 — 높은
담벽 아래 시들 은풀 잎 저보 다너욱초 라한 역사 여 — 깨인
자들에게쏟아지는 시—련— 달빛 속 으로쫓기 는양 심—들— 주검
없이 죽어 간 청—춘의꽃—들—다시 활짝피일참세상은 어—디— 아—
묶여 서도 통일 이라 네 다시 만나야할 형제 있으 니 — 아—
갇혀 서도 해방 이라 네 조국 의역 사로 살아 숨쉬 니 —
조국 의역 사로 살아 숨쉬 니 —

일어나라, 열사여

（이철규열사 조가）

더이상 죽이지 마라
너희 칼 쥐고 총 가진 자들
싸늘한 주검 위에 찍힌 독재의 흔적이
검붉은 피로, 썩은 살로 외치는구나

더이상 욕되이 마라
너희 멸사봉공 외치는 자들
압제의 칼바람이 거짓 역사되어 흘러도
갈대처럼 일어서며 외치는구나

여기 하나이 죽어 눈을 감으나
남은 이들 모두 부릅뜬 눈으로 살아
참 민주, 참 역사 향해 저 길
그 주검을 메고 함께 가는구나

더이상 죽이지 마라
너희도 모두 죽으리라
저기 저 민중 속으로 달려 나아오며 외치는
앳된 목소리들 그이 불러 깨우는구나

일어나라, 열사여, 깨어나라, 투사여
일어나라, 열사여, 깨어나라, 투사여

더이상 죽이지 마라
더이상 죽이지 마라
더이상 죽이지 마라

바람이 분다, 저길 보아라, 흐느끼는 사람들의 어깨 위
광풍이 분다, 저길 보아라, 죽은 자의 혼백으로 살아온다
반역의 발굽 아래 쓰러졌던 풀들을 우리네 땅 가득하게
일으켜 세우는구나
바람이 분다, 욕된 역사 위 해방의 깃발되어 저기 오는구나

자, 부릅떠야 하네, 우리들, 잔악한 압제의 눈빛을 향해
자, 일어서야 하네, 우리들, 패배의 언 땅을 딛고
죽어간 이들 새 역사로 살아날 승리, 부활의 상여를 메고
자, 나아가야 하네, 우리들, 통일, 해방 세상 찾아서

(1989. 11.)

고 이철규 열사의 충격적인 의문사 사건을 보며 추모식 때 부르기 위해 만든 작품이
다. 선지자적 어투와 질감이 흥미롭다.

일어나라, 열사여

(느리고 비장하게)

반역의발굽아래 쓰러졌던풀들은 우리네—땅가득하게 일으켜세우는구나—
바 람이분—다—욕된 역 사 위 해—방의깃발되어 저기오는구나—
사 — 부 릅 떠야하네 우 리 들 잔악한 압제의눈빛을 향 해 자—
(행진곡풍으로)
일 어 서 야하네 우 리 들 패배의 언 땅 을 딛 고 죽어
간 이 들새 역사로살아날 승리부 활 의상 여를메 고 자—
나 아 가 야하네 우 리 들 통일 해 방세상찾 아 서

이 세상의 주인은 누구

저들이 번영을 애기할 때 우린 몹시 배 고팠네
저들이 복지를 애기할 때 우린 몹시 추웠네

이 세상의 주인은 누구 ? 기만하고 겁주는 자들인가
빼앗기고 쫓겨 버림 받은 우린 이 땅의 천덕꾸러기

저들이 안정을 애기할 때 우린 몹시 불안했네
저들이 평화를 애기할 때 우린 숨통이 조였네

이 세상의 주인은 누구 ? 착취하여 배부른 자들인가
숨죽이고 기다려왔던 많은 날들 우리가 이 땅의 주인 아닌가

저들이 혁명을 애기할 때 우린 학살을 보았네
저들이 민주를 애기할 때 우린 압제를 보았네

이 세상의 주인은 누구 ? 패배하고 복종하는 자는 아냐
빼앗기고 쫓겨와 여기 일어서는 우리가 이 땅의 주인 아닌가

(1989. 12.)

경실련 행사를 위해 만든 작품이다.

저 들 이 번 영 을 얘 기 할 때 우
저 들 이 복 지 를 얘 기 할 때 우
린 몹 시 배 고 팠 네 —
린 몹 시 추 웠 네 —
— 이 세 상 의 주 인 은 누 구 — 기 만
— 이 세 상 의 주 인 은 누 구 — 착 취
하 고 싶 주 는 자 들 인 가 — 빼
하 여 배 부 른 자 들 인 가 — 숨
앗 기 고 쫓 겨 — — 버 림 받 은 우 린
죽 이 고 기 다 려 왔 던 많 은 날 들 우 린
이 땅 의 천 덕 꾸 러 기 —
이 땅 의 주 인 아 닌 가 —
앗 기 고 쫓 겨와 여기 일 어 서 는 우 리 가
이 땅 의 주 인 아 닌 — 가 —

우리들의 죽음

(낭송)

"맞벌이 영세 서민 부부가 방문을 잠그고 일을 나간 사이 지하 셋방에서 불이나 방 안에서 놀던 어린 자녀들이 밖으로 빠져나오지 못하고 질식해 숨졌다.

불이 났을 때 아버지 權씨는 경기도 부천의 직장으로, 어머니 李씨는 합정동으로 파출부 일을 나가 있었으며 아이들이 방 밖으로 나가지 못하도록 방문을 밖에서 자물쇠로 잠그고, 바깥 현관문도 잠가 둔 상태였다.

연락을 받은 이씨가 달려와 문을 열었을 때, 다섯 살 혜영양은 방 바닥에 엎드린 채, 세 살 영철군은 옷더미 속에 코를 묻은 채 숨겨 있었다.

두 어린이가 숨진 방은 3평 크기로 바닥에 흩어진 옷가지와 비키니 옷장 등 가구류가 타다만 성냥과 함께 불에 그을려 있었다.

이들 부부는 忠南 계룡면 금대2리에서 논 900평에 농사를 짓다가 가난에 못이겨 지난 88년 서울로 올라 왔으며, 지난해 10월 현재의 지하방을 전세 4백만원에 얻어 살아왔다.

어머니 李씨는 경찰에서 "평소 파출부로 나가면서 부엌에는 부엌칼과 연탄불이 있어 위험스럽고, 밖으로 나가면 길을 잃거나 유괴라도 당할 것 같아 방 문을 채울 수밖에 없었다"면서 눈물을 흘렸다.

평소 이씨는 아이들이 먹을 점심상과 요강을 준비해 놓고 나가 일해 왔다고 말했다.

이들이 사는 주택에는 모두 6개의 지하방이 있으며, 각각 독립구조로 돼 있다."

(노래)

젊은 아버지는 새벽에 일 나가고 어머니도 돈 벌러 파출부 나가고
지하실 단칸방엔 어린 우리 둘이서 아침 햇살 드는 높은 창문 아래 앉아

방문은 밖으로 자물쇠 잠겨있고, 윗목에는 싸늘한 밥상과 요강이

엄마, 아빠가 돌아올 밤까지 우린 심심해도 할 게 없었네

낮엔 테레비도 안 하고 우린 켤줄도 몰라
밤에 보는 테레비도 남의 나라 세상
엄마, 아빠는 한 번도 안나와 우리 집도, 우리 동네도 안나와

조그만 창문의 햇볕도 스러지고 우린 종일 누워 천정만 바라보다
잠이 들다 깨다 꿈인지도 모르게 또 성냥불 장난을 했었어

배가 고프기도 전에 밥은 다 먹어치우고 오줌이 안 마려운데도 요강으로
우린 그런 것 밖엔 또 할 게 없었네, 동생은 아직 말을 잘 못하니까

후미진 계단엔 누구 하나 찾아오지 않고 도둑이라도 강도라도 말야
옆방에는 누가 사는지도 몰라 어쩌면 거긴 낭떠러지인지도 몰라

성냥불은 그만 내 옷에 옮겨 붙고, 내 눈썹, 내 머리카락도 태우고
여기 저기 옮겨 붙고 훨, 훨 타올라 우리 놀란 가슴, 두 눈에도 훨, 훨

방문은 꼭꼭 잠겨서 안 열리고 하얀 연기는 방 안에 꽉 차고
우린 서로 부둥켜 안고 눈물만 흘렸어,
엄마, 아빠… 엄마, 아빠…

(낭송)
(엄마, 아빠! 우리가 그렇게 놀랐을 때
엄마, 아빠가 우리와 함께 거기 있었다면…)

(낭송)
"우린 그렇게 죽었어
그 때, 엄마, 아빠가 거기 함께 있었다면…
아니, 엄마만이라도 함께만 있었다면…
아니, 우리가 방 안의 연기와 불길 속에서 부둥켜 안고 떨기 전에,
엄마, 아빠가 보고싶어 방문을 세차게 두드리기 전에,
손톱에서 피가 나게 방 바닥을 긁어대기 전에,
그러다가 동생이 먼저 숨이 막혀 어푸러지기 전에,
그 때, 엄마, 아빠가 거기 함께만 있었다면…

아니야, 우리가 어느 날 도망치듯 빠져나온 시골의 고향 마을에서도
우리 네 식구 단란하게 살아 갈 수만 있었다면…
아니, 여기가 우리처럼 가난한 사람들에게도 축복을 내리는
그런 나라였다면…
아니, 여기가 엄마, 아빠도 주인인 그런 세상이었다면…
엄마, 아빠! 너무 슬퍼하지 마
이건 엄마, 아빠의 잘못이 아냐, 엄마, 아빠의 잘못이 아냐
여기, 불에 그을린 옷자락의 작은 몸둥이, 몸둥이를 두고 떠나지만
엄마, 아빠! 우린 이제 천사가 되어 하늘 나라로 가는거야
그런데 그 천사들은 이렇게 슬픈 세상에는 다시 내려 올 수가 없어
언젠가 우린 다시 하늘 나라에서 만나겠지
엄마, 아빠!
우리가 이 세상에서 배운 가장 예쁜 말로 마지막 인사를 해야겠어
엄마, 아빠… 엄마, 아빠…
이제, 안녕… 안녕…"

(1990. 3.)

사회적으로 큰 충격을 준 두 아이의 사고사를 소재로 하고 있다. 신문기사의 낭송과
사실적 묘사로 사건 자체가 가지고 있는 충격성과 비극성을 잘 살리고 있다. 이 작
품에 대해 공윤은 '어떤 가정의 부주의가 우선된 불행한 사례를 굳이 이념적 사회문
제로 결부한 것은 대중가요로서 부적당하다'는 이유로 전면개작 지시를 내렸다.

Moderato
Am E Am G Dm
젊은 아버지는새—벽에 일 나가고 어머니도돈벌러파출부 나가고 — 지하
성냥불은그만내—옷에 옮 겨붙고 내눈썹—내머리카락도 태우고 — 여기
Dm6 Am G Esus4
실—단칸방엔어린 우리둘이서 아침 햇살드는높은창문 아—래앉아 방문
저기옮겨붙고휠— 휠—타올라 우리 놀란가슴두눈에도 휠—휠(낭송1) 방문
Am E Am G Dm
은밖으로자—물쇠 잠—겨있고 윗목 에는싸늘한밥상과 요강이 — 엄마
은—꼭꼭잠—겨서 안—열리고 하얀 연—기는방—안에 꽉차고 — 우린
Dm6 Am G Am
아—빠가돌—아올 밤——까지 우린 심심해도할게없었 네 낮엔
서로부둥켜안고눈물 만—흘렸어 "… 엄마아빠엄마아빠 …"(낭송2) 배가
G Dm C E7
테레비도안하고우린 켤줄도 몰라 밤에보는테레비도 남의 나—라세상 엄마
고프기도전에밥은 다 먹어치우고 오줌이안마려운데 도요 강으로—— 우린
G Dm C Esus4
아—빠는한—번도 안——나와 우리 집도우리동네도안 나—와 — 조그
그런것밖엔 할게 또—없었네 동생 은아직말을잘못하 니—까 — 후미

만 창 문 의 햇ㅡ볕 도 스 러 지 고 우 린 종 일 누 워 천 정 만 바 라 보 다 ㅡ 잠 이
진 계 단 엔 누 구 하 나 찾 아 오 지 않 고 도 둑 이 라 도ㅡ강 도 라 도 말 야ㅡ ㅡ 옆 방

들 다 깨 다 꿈 인 지 도 모ㅡㅡㅡ르 게 ㅡ또 성 냥 불 장 난 을 했 었 어
에 는 누 가 사 는 지 도 몰ㅡㅡㅡ라 "…거 긴 어 쩌 면 낭 떠 러 지 인 지 도 몰 라…"

떠나는 자들의 서울

가는구나 이렇게, 오늘 또 떠나는구나
찌든 살림, 설운 보퉁이만 싸안고 변두리마저 떠나는구나
가면 다시는 못 돌아오지, 저들을 버리는 배반의 도시
주눅든 어린 애들마저 용달차에 싣고 눈물 삼키며 떠나는구나

아, 여긴 누구의 도시인가, 동포 형제 울며 떠나가는 땅
환락과 무관심에 취해버린 우리들의 땅, 비틀거리며, 구역질하며…

가는구나, 모두 지친 몸으로 노동도 버리고 가는구나
어디 간들 저들 반겨 맞아줄 땅 있겠는가 허나 가자, 떠나는구나

가면 다시는 못 돌아오지 저들을 버리는 독점의 도시
울부짖는 이들을 내리치는 저 몽둥이들의 민주주의, 절뚝거리며
떠나는구나

아, 여긴 누구의 도시인가, 동포 형제 울며 쓰러지는 땅
분노와 경멸로 부릅뜨는 우리들의 땅, 부글거리며, 끓어오르며…

가는구나, 하늘 맑은 곳으로, 이제 주소 없이 떠돌지라도
사람의 땅에서 쫓겨 그 땅에 눈물 뿌리며 저들 식구가 떠나는구나
사람의 땅에서 쫓겨 그 땅에 눈물 뿌리며 오늘 또 떠나는구나

(1990. 6.)

F　C　Am　F　F#dim　G
가　는　구나 이렇— 게　오늘 또　떠나는구 나　찌든
F　C　Am　Dm　F#dim　G
살림 설운 보퉁이만 싸 안 고 변두 리 마져 떠나는구 나　가면
C　F　C　Em　G
다 시는 못돌아오 지　저들 을 버리는 배반의도 시　주눅
F　F#dim　C　Am　Dm　G　C
든 어린애들마져　용달차에싣고 눈물 삼키며— 떠나는구나　아
F　F#dim　G　F　C　Dm　G
여긴누구의 도시— 인— 가　동포 형제울며떠나 가— 는— 땅　환락
F　F#dim　C　Am　Dm　F#dim　G
과무관 심에취해 버린　우리들의 땅 비틀 거리며— 구역질— 하— 며　가는
C　Dm　F　C　Em　G
구나모두지친몸으 로　노동 도 버리고 가— 는구 나　어디
F　F#dim　C　Am　Dm　G　C
간들저들 반겨맞아 줄땅있겠는— 가허나 가자 떠나는구 나

그대, 행복한가

그대, 행복한가
스포츠 신문의 뉴스를 보며 시국을 논하시는 그대, 그대
그래, 거기에도 어린이 유괴 살해 기사는 있지, 있어
그대, 행복한가
보수 일간지 사설을 보며 정치적으로 고무 받으시는 그대, 그대
그래, 거기에도 점심 굶는 어린애들 얘기는 있지, 있어
그대, 알고있나, 정말 알고있나
우리 중 누가 그 애들을 굶기고 죽이는지
정말 알고있나, 알고있나

그대, 행복한가
시장 개방, 자유 경제, 수입 식품에 입맛 돋으시는 그대, 그대
그래, 거기에도 칼로리와 땀 냄새는 있지, 있어
그대, 행복한가
주한 미군 기동 훈련과 핵무기에 고무 받으시는 그대, 그대
그래, 거기에도 평화와 인도주의의 구호는 있지, 있구 말구
그대, 알고있나, 정말 알고있나
우리 중 누가 그것들의 희생양이며 표적인지
정말 알고있나, 알고있나

그대, 행복한가
거듭나는 공화국마다 그 새 깃발을 좇아 행진하시는 그대, 그대
그래, 거기에도 민족과 역사의 거창한 개념은 있지, 있어
그대, 행복한가
막강한 공권력과 군사력에 고무 받으시는 그대, 그대
그래, 거기에도 보호하고 지키려는 그 무엇은 있지, 그 무엇이
그대, 알고있나, 정말 알고있나
우리 중 누가 그것들의 대상이며 주인인지
정말 알고있나, 알고있나

그대, 알고있나
끊임 없이 묶여 끌려가는 사람들을 매도하시는 그대, 그대
그래, 거기 그들을 가두는 법전과 감옥이 있지, 법전과 감옥
그대, 알고있나
노동하는 부모 밑에 노동자로 또 태어나는 저 아이들, 아이들
그래, 저들은 결국 다른 무엇이 될 수 없다는 것을, 없다는 것을
그러나, 그대 알고있나, 정말 알고있나
그들의 숫자가 점점 더 많아지고 있다는 것을

그대, 알고있나, 정말 알고있나
그들의 분노가 점점 더 커지고 있다는 것을
그대, 알고있나, 알고있나

(1990. 7.)

'아, 대한민국…'처럼 역설적 대조의 방법을 주로 쓴 작품이다. 그러나 '아, 대한
민국…'이 지배집단이 조장하는 허위의식에 그 공격의 초점이 맞추어져 있다면, 이
작품은 소시민들의 보수성과 안일함에 그 초점이 맞추어져 있다.

빠른 굿거리
그 대 — 행 복 한 — 가 스포츠
그 대 — 행 복 한 — 가 보 수
신 문 의 뉴 스를보며시—국—을 논—하시는— 그대— — 그대— — 그래
일 간 지 사 설을보며정치적으로 고무 받으시는 그대— — 그대— — 그래
거 기 에도 어 린이유괴 살 해 기 사 는 있 지 — 있 어 —
거 기 에도 점심굶는어린 애 들 얘 기 는 있 지 — 있 어 —
— 그대 알 고 있 나 정말 알 고 있 나 우리
승 용 가고 애 들을 굶 기 고 죽 이 는— 지 —
— — 정말 알 고 있 나 음— 알 고 있 나 음—
— — —

소유하는 것 그 자체가 기쁨인 Villeroy & Boch. 진정, 최고의 가치를 아는 문계 유럽상류
사회의 자존심을 선보입니다.
남성이 선물하는
팬제리 · 화운데이션
밀러 로 통하는 고급맥
Magic Chef
Triumph
INTERNATIONAL
GUESS
?
GUESS
?
GUESS
?
LINCOLN CONTINE
앙드레 르마꼬
VOLVO
Christian Dior
PARIS
MIGHKO LONDON
SCOTS WHISKY
여기 시대를 초월한 가치와의 세계가 있습니다.
파리패션의 귀족 란셀과
세계유명 만나실 수 있습니다.
Standard Chartered
전 세계에 펼친 금융의 저력
가 이었다 —존헨리
완벽한 자
THE CLASSIC SENSIBL

정태춘의 노랫말
—그 시적 언어의 길 찾기 —

도 종 환

시인

사람이 자기가 지금까지 살아왔던 삶의 터전을 박차고 떠난다는 것은 그리 쉬운 일이 아니다.

거기에는 자기가 지금까지 쌓아왔던 것들을 버릴 수 있는 용기와 결단 그리고 새로운 삶의 내용을 채워나갈 수 있는 자신감과 실천이 뒤따라야 하기 때문이다.

그러나 분명한 것은 인간의 역사는 새로운 떠남에의 의지, 도전과 극복에 의해서 새롭게 발전되어왔다는 것이다. 불타의 큰 깨달음도 우주를 향한 비상에의 의지도 인류역사의 위대한 혁명도 모두 마찬가지이다.

문학에서는 이것을 '출발의 시정'이라고 부른다.

어디론가 새로운 세계를 향해 떠나고 싶은 시적 정서, 정태춘의 노랫말은 이러한 출발의 시정으로 가득 차 있다.

초기단계(75년까지)에서는 이것이 나그네의 정서로 나타난다.

"새벽 이슬 맞고 떠나와서 /어스름 저녁에 산길 돌고 /별빛 속에 묻혀 잠이 들다 /저승처럼 먼길에 꿈을 꾸고 /첫새벽 추위에 잠이 깨어…… / 산 아래 마을엔 해가 지고 /저녁 짓는 연기 들을 덮네 /멀리 딴 동네 개가 짖고 / 아이들 빈들에 공을 치네 / 어미마다 제 아이 불러가고 / 내가 그 빈들에 홀로 섰네."('나그네'중에서)

이런 시에서 보이는 정서는 삶의 소외지대를 홀로 떠돌고 있는 고독한 정서, 외로움이다.

그러나 가만히 서정적 자아의 목소리를 들어보면 그 목소리는 '김형, 김형' 하며 이웃할 벗을 부르고 있고, 공을 차던 아이들을 불러가는 어머니의 목소리에 맞닿아 있다.

떠도는 그의 눈은 사람들이 모여 사는 마을의 삶의 풍경을 향해 있으며 저녁 짓는 연기가 들을 덮는 쪽을 향해 있다. 다만 '그 빈 들에 홀로 서' 있을 뿐이다.

그러한 그의 정서는 초기 작품의 많은 곳에서 발견되는 것처럼 머물 곳을 찾지 못한 채 '길 위에 서 있는 정서'로 나타나는데 그것은 그가 겪은 삶의 길이 '어머님 생전에 맨 발로 가는 길' '아버님 생전에 뜀박질 하는 길' 그렇게 섧게 살아도 저승길 같은 암울하고 어두운 길이었기 때문일 것이다.

그 속에서 자신이 서 있는 자리와 자기 자신을 돌아보며 느끼는 자아성찰, 그리고 '삶은 도대체 무엇인가' 하는 근원적인 물음을 통해 자신의 의미를 찾아 떠돌고 있다.

이러한 나그네 의식이 자칫 빠지기 쉬운 허무주의, 패배주의를 딛고 그의 시(노랫말이라고 하지만 빼어난 서정시들이다)가 어둠 속에서 별빛 쪽을, 밝아오는 햇살 쪽을 향해 서 있는 모습은 여간 다행스러운 일이 아닐 수 없다.

그러나 사람 사는 쪽을 향해 서 있을 뿐 그들과 함께 사는 삶이 빠져 있던 그 시기를 지나 1976년에서 79년쯤에 이르면 이영미의 지적처럼 나그네 정서가 '고행하는 수도승'의 정서로 바뀌는 것을 보게 된다. 그는 그 고행의 모습을 '시인의 마을'에서 고독과 방황, 번민과 우수 등 관념적인 언어로 표현한다.

그리고 이 막연하고 혼란스러운 정서의 근저를 '세찬 바람에 펄럭이는 깃발' 같은 심정, '사나운 말처럼 먼 대지를 달려가는 말발굽 소리', '탈춤의 장단'에 비유하고 있다.

외로움과 머물 곳 없는 심정을 좀더 격정적으로 표현해내는 시들보다 깨달은 자의 은은한 미소 같은 '탁발승의 새벽노래'가 돋보이는 시기이기도 하다.

1980~84년까지는 그가 방황하며 찾아나서는 세상의 모습이 작품 속에 구체적으로 나타나기 시작하는 시기이다. 그는 선을 향한 세계, 육신의 어둡고 긴 충동과 그릇된 애착, 욕망에서 벗어난 세계, 유혹과 시련을 달관한 세계를 갈망했던 것이다. '애기 2' 같은 뛰어난 민중적 정서의 노래가 나타나는 시기도 이 무렵이다.

초기작품인 '장마', '애기'의 넉넉하고 푸근한 정서, 사람 냄새 물씬 풍기는 노랫말의 정서가 민족현실과 만나 떠돌던 이 땅의 곳곳을 아픈 삶의 터전, 살아 숨쉬는 역사의 현장으로 인식하게 되면서 탁월한 시어로 형상화하는 것을 보게 된다. 노래꾼이기 이전에 이 땅의 탁월한 민중시인, 음유시인이구나 하는 감탄을 여러 차례 발하게 하는 작품들을 발견하는 시기이기도 하다.

그는 작품 곳곳을 떠남의 이미지로 채우면서 역시 늘 돌아가고자 꿈꾼다. 그곳을 그는 고향이라고 표현한다. 그 고향은 물론 지리적 의미의 고향이기도 하고 정신적 고향, 정서적 고향, 인간다운 삶이 이어지던 고향, '네 눈빛 속으로' 어린 시절의 무지개가 보이던 고향이다.

떠남의 이미지가 귀향의 이미지와 교체하는 시기도 이 무렵인데 '배 들온대여'와 같은 작품에서 '이제 돌아간 고향도 잃고 / 닻을 내릴 곳도 없는' 상황에 대한 각성의 끝에서 그의 정서가 다시 돌아오는 이미지로 바뀌는 극적인 모습을 발견하게 된다. 그는 어디로 어떻게 돌아가려 하는가? 이런 의문의 끝에 그의 최근 작품들이 놓여 있다.

그가 지난 몇 해 동안 다시 찾은 땅은 '갇힌 자 더욱 자유로운 땅'이요, 그가 만난 역사는 '높은 담벽 아래 시들은 풀잎 / 저보다 더욱 초라한 역사'였다. '묶여서도 통일' '갇혀서도 해방'을 외치는 형제들의 땅, '깨인 자들에게 몰아치는 시련의 땅, 없는자, 빼앗기고 짓밟히는 자들의 눈물로 가득한 땅'이었다.

'달빛 속으로 쫓기는 양심들'이 이루고자 하는 참세상이었다. 그런 참세상을 이루고자 그의 언어는 서정적인 모습에서 서사적인 모습으로 변모한다. 그는 허위 중산층 의식에 싸여 사는 사람, 기회주의적인 사람, 보신제일주의적인 사람, 극단적으로 이기적인 사람, 그리고 거대한 자본과 권력과 폭력과 불의의 성채를 향해 불과 같이 노랫말을 '황토강'처럼 쏟아붓는다.

그러나 이게 바로 시작이다. 스스로의 언어의 틀을 부수며 늘 다시 떠나
고 다시 새롭게 출발하는 그의 언어는 이제 비로소 시작이다.
　'우리들 세상', 우리들 사람답게 사는 세상을 향해 울려퍼지는 그의 노
래는 이제 다시 시작이다.【1991. 4.】

나그네

제2부 (～1975년)

이 시기는 그가 데뷔하기 이전, 즉 고등학교를 졸업하고 입대하기 전까지의 시기이
다. 이 시기 그의 노래는 시골의 여러 풍경과 사람들의 모습을 깨끗하고 차분하게, 그리
고 상당히 애정있는 눈으로 형상화하고 있다. 초가집 박꽃과 상여 나가는 길목, 고추잠
자리, 보리밭과 겨울 나무 등등을 그리는 그의 시각은 도시에 살면서 전원생활을 동경
하고 상상하는 시각과는 질적으로 다르다. 이들 작품은 농촌의 삶과 자연을 관조적으로
대하거나 머리속에서만 상상하여 만들어낸 목가적 분위기는 전혀 없다. 그의 시각은 농
촌의 '밖'에 있는 것이 아니라 '안'에 있다. 사진으로 보는 농촌 풍경이나 상상 속에 있
는 목가적 분위기가 아니라 작은 나뭇가지나 논두렁길, 김 매는 아낙 등의 묘사가 생생
히 살아 있는 것은 늘상 생활 속에서 접하며 살아온 삶의 한 부분이었기 때문이다. 그래
서 이러한 모습들은 그저 아름답게만 그려지지는 않는다. 미운 정 고운 정 다 든 식구들
의 모습처럼 그려진다. 그러나 이러한 시골의 삶과 자연의 형상화는 솔직하고 애정있는
것이라기 보다는 아직도 사춘기적 방황을 채 벗지 못한 감수성 예민한 청년의 그것이
다. 사실적이고 친근한 것이되 삶의 깊이가 깊은 것은 아니다. 오히려 그는 이 시골 안
에서 살아가며 애정 있는 눈으로 사물을 그려내고 있지만, 이 답답한 시골을 떠나고 싶
은 욕구가 가득하다. '외로운 산길의 나그네'가 되어 떠나고 싶기도 하고, 밤 새 쏘다니
기도 하며, 먼 이국의 '노을 물드는 바닷가'에서 회상에 잠기는 상상을 하기도 한다. 그
러나 이는 그저 생각일 뿐이다. 떠나고는 싶으나 결국 떠나지 못하는 한 청년의 인식세
계가 드러나고 있는 것이 바로 이 시기의 노래들이다.

양단 몇 마름

시집 올 때 가져온 양단 몇 마름
옷장 속 깊이 깊이 모셔 두고서
생각 나면 꺼내서 만져만 보고
펼쳐만 보고, 둘러만 보고
석 삼년이 가도록 그러다가
늙어지면 두고 갈 것 생각 못하고
만져 보고, 펼쳐 보고, 둘러만 보고

(1972. 4.)

마치 우리 어머니들의 옛날 새색시 적의 빛바랜 사진을 꺼내보는 듯한 느낌을 주는
작품이다. 시집 올 때 가져온 양단 치마 저고리감을 그저 만져보고 아껴두기만 하는
마음이 매우 섬세하고 사실적으로 그려져 있으며, 의도적으로 트로트의 분위기를 준
악곡, 반주도 잘 어울린다.

양단 몇 마름

시 집－올 때 가 져 온 양 단－몇 마 름

옷 장 속 깊－이 깊 이 모 셔－두 고 서

생 각－나 면 꺼 내 서 만 져 만 보－고

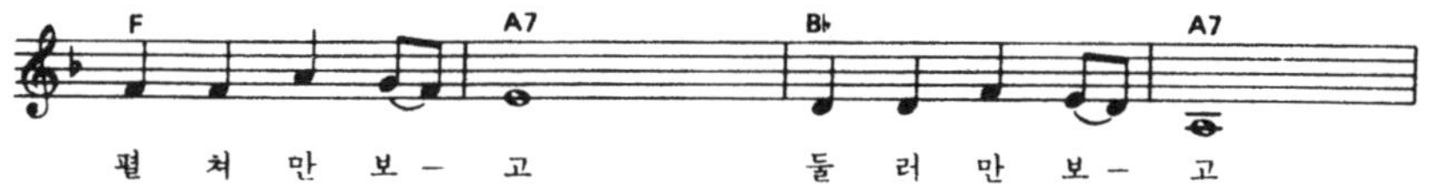

펼 처 만 보－고 둘 러 만 보－고

석 삼－년 이 가 도 록 그 러 다 가

늙 어－지 면 두 고 갈 것 생 각－못 하 고

만 져－보 고 펼 처－보 고 둘 러－만 보 고

에헤라 친구야

에헤라 친구야, 박꽃을 피우세
초가집 추녀에 박 넝쿨 걸고
박꽃을 피우세

에헤라 친구야, 안개 속을 걸어 보세
새벽잠 깨어난 새 소리 들으며
안개 속을 걸어 보세

에헤라 친구야, 하늘을 바라보세
맑은 날 새 아침 흰 구름 떠가는
하늘을 바라보세

에헤라 친구야, 피리를 불어보세
저 언덕 너머로 소 몰고 가며
피리를 불어보세

에헤라 친구야, 노래를 불러 보세
해 지는 강가의 빨간 노을 보며
노래를 불러보세

에헤라 친구야, 창문을 열어보세
까만 하늘 아래 쏟아지는 별 빛
창문을 열어 보세

(1973.)

에헤라 친구야

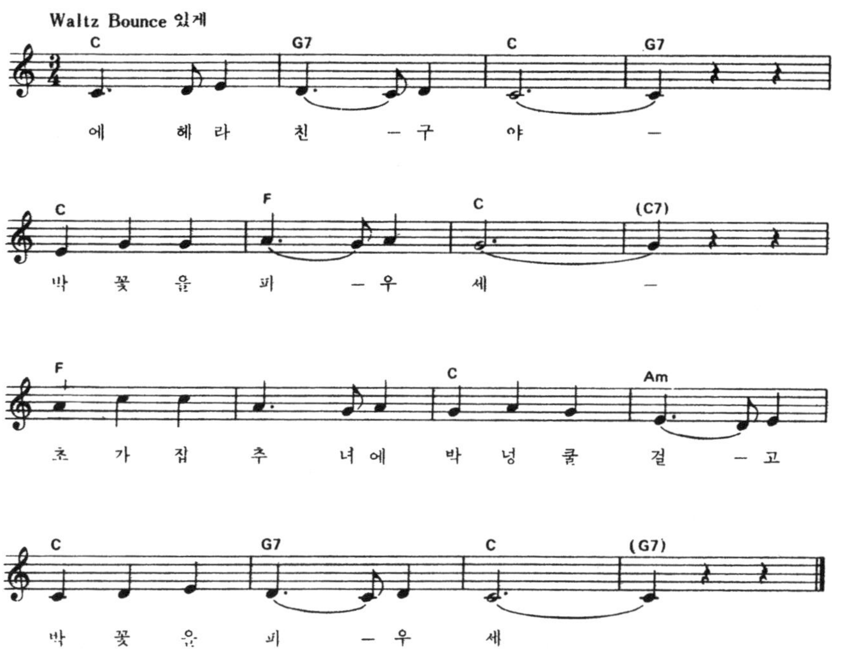

단순한 구조의 가사와 악곡이 동요와 같은 친근함을 준다. 박넝쿨 위의 박꽃, 새벽 안개 속의 새소리, 언덕 너머 소 몰고 가는 피리소리 등 이 작품에 나오는 아름다운 사물들은, 다른 많은 대중가요들에서 만들어내고 있는 장미꽃, 까페의 불빛 등과 비교해볼 때, 작가의 감수성의 근저를 짐작하게 해준다. 음반 제3집 '우네'에 발표된 작품으로 앞면에는 국악으로, 뒷면에는 양악으로 반주되어 흥미있는 대비가 된다.

황토길 행렬

에 헤이, 에 헤이

뉘 집 상여 나간다 들리는 소리
북망산으로 가나 어디로 가나
깃발이 앞서 가네 쓸쓸한 길로
지팡이 짚고 가네 상제가 가네
곡 소리에 밀려 가는 상여 꼬리에
짚신 하나 달아서 달려 보낼 걸

에 헤이, 에 헤이

상여 꼬리 넘어 갔네 보리밭 길로
황토 언덕을 넘어서 어디로 가나
어디서 또 만날까 저 긴 무리
바람아 너는 아나 알고 있겠지
곡 소리도 사라져 간 황토길에
뉘 집 개 한마리 나와 하늘을 보네

(1973. 1.)

우리 동네 명창 대회

개울 건너 김서방이 부르던 노래
타령조에 목청 돋워 듣기 좋았지
산염불에 수심가는 못할까마는
제 좋아하는 노래라고 꼭 그 노래만
산타령 물타령에 인심타령에
구성지게 제껴대는 힘도 좋구나

에 헤이, 에 헤이

뒷산 아래 박씨 부인 부르던 노래
서도 소리 목청 돋워 자지러질 때
남도창에 북도 소린 못할까마는
제 고향이 거기라고 꼭 그 노래만
갈 수 없는 고향길에 한이 서리어
맺고 맺힌 구절마다 목이 쉬누나

에 헤이, 에 헤이

청기와집 최영감님 하시던 노래
거센 목청에 양산도는 일품이었지
배뱅이굿에 회심곡은 못할까마는
흥에 겨워 부르기는 꼭 그 소리뿐
우리 동리 명창대회 끝도 없고
장고 장단에 하늘의 별도 다 쏟아지누나

에 헤이, 에 헤이

음반 제2집에는 같은 악곡에 '우리 동네 명창대회'라는 가사가 붙여져 실려 있다.

저승길

저승길 구만 리 멀어서 슬픈 길
가다가 오다가 설움에 울던 길
어머님 생전에 맨발로 가는 길
어두운 하늘 가 고향에 닿는 길

저승길 구만 리 쉬어서 못 갈 길
이승의 좋은 일 가져도 못 갈 길
할아범 수염에 묻어도 못 갈 길
꿈에나 생시나 무서워 못 갈 길

저승길 구만 리 멀어서 슬픈 길
이 친구 저 친구 마주쳐 스칠 길
아버님 생전에 뜀박질 하는 길
어두운 하늘가 고향에 닿는 길

(1973.)

Waltz, 노래에 맞춰
저 승 길 구 만 리
밀 어 서 슬 픈 길
가 다 가 오 다 가
싸 움 에 울 던 길
어 미 님 생 전 에
맨 발 로 가 는 길
어 두 운 하 늘 가
고 향 에 닿 는 길

나그네

새벽 이슬 맞고 떠나와서
어스름 저녁에 산길 돌고
별빛 속에 묻혀 잠이 들다
저승처럼 먼 길에 꿈을 꾸고
첫 새벽 추위에 잠이 깨어
흰 안개 속에서 눈 부빈다

물 도랑 건너다 손 담그고
보리밭 둑에서 앉았다가
처량한 문둥이 울음 듣고
김형, 김형 하고 불러 보고
먼 길을 서둘러 떠나야지
소낙비 맞으며 또 가야지

산 아래 마을엔 해가 지고
저녁 짓는 연기 들을 덮네
멀리 딴 동네 개가 짖고
아이들 빈 들에 공을 치네
어미마다 제 아이 불러가고
내가 그 빈 들에 홀로 섰네

낮에 들판에서 불던 바람
이제는 차가운 달이 됐네
한낮에 애들이 놀던 풀길
풀잎이 이슬을 먹고 있네
이제는 그 길을 내가 가네
나도 애들처럼 밟고 가네

(1973. 6.)

제목이나 가사에서 겉으로 드러나 있는 것은 나그네의 노래이지만, 나그네의 노래치고는 사람 사는 시골 마을의 정경이 너무도 생생하고 정감있게 묘사되어 있다. 농촌에 살고 있으면서도 계속 마음은 나그네가 되어 떠나고 싶고, 그러면서도 완벽하게 떠나지는 못하고 결국 그 속에서 살면서 작품 속에서만 나그네가 되어보는 사춘기시적의 면모가 엿보인다. '나는 누구인고'나 '귀향' 등도 이러한 심성의 표현이다.

겨울나무

잎 떨어진 나무에 바람이 불고
부러진 가지에 연이 걸렸네
겨울 나무 꼭대기에 매가 앉아서
임자 없는 까치집만 지키고 있네

우 - 우 -
홀로 멀리 서 있는 겨울 나무야

벌판에서 불어 온 저 흙바람에
잎새마저 앗기운 겨울 나무는
세월 가고 세월 오는 그 사이에서
굽어 가는 비탈길만 지키고 있네

우 - 우 -
홀로 멀리 서 있는 겨울 나무야

(1974. 1.)

Am
A7
Dm
E
Dm
Esus4
Slide
E
Am
C
Dm
C
일 떨 어 진 나 무 에
G
Dm6
E
E7
바 람 이 불 고 —
Am
C
Dm
C
부 — 러 진 가 지 에
E7
Am
연 이 걸 렸 네
Am
A7
Dm
E
겨 울 나 무 꼭 대 기 에
Dm
E7
매 가 앉 아 서 —

Am   C   Dm   F7
임   자   없   는   까   치   집만
E   E7   Am
지   키   고   있   네   —
Am   Dm   E
우   —   —   우   —   —   우   —
Am   Dm   E   E7
우   —   —   우   —   —   우   —
Am   C   Dm   E
홀   로   멀   리   서   —   있   는
G   F   G7   Am
겨   —   울   나   무   아   —
F7   Dm6

사춘기 한 때의 일기

새까만 밤
공동묘지에 서면
머얼리 요단강 건너 들리는
찬송가 소리
여기저기 우—우—우—
검은 하늘엔
온통 귀신 우—우—

밤새 어디로 쏘다녔길래
머리로 팔뚝으로 거미줄
거미줄

울창한 미류나무 숲 속엔
몇 마리 나귀가 있었네
거기 실패엔 연이
차곡차곡 감겨져 있었네

거미줄은
내 창 머리에 쳐 있었네

(1974.)

사춘기 한 때의 일기

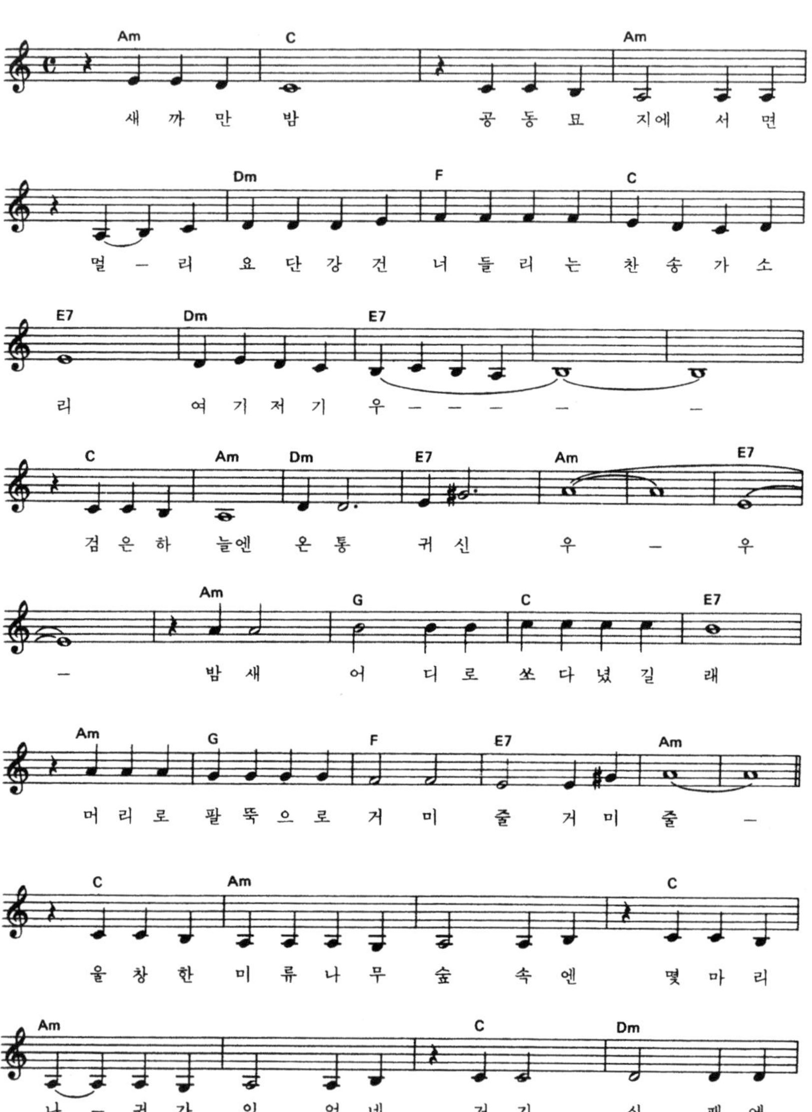

새 까 만 밤 공 동 묘 지 에 서 면
멀 — 리 요 단 강 건 너 들 리 는 찬 송 가 소
리 여 기 저 기 우 — — — —
검 은 하 늘 엔 온 통 귀 신 우 — 우
— 밤 새 어 디 로 쏘 다 녔 길 래
머 리 로 팔 뚝 으 로 거 미 줄 거 미 줄 —
울 창 한 미 류 나 무 숲 속 엔 몇 마 리
나 — 귀 가 있 었 네 거 기 실 패 엔

E7
Am
G
연 이 차 — 곡 차 곡 감 — 겨 져

E7
Am
F
G
있 — 었 — 네 — 거 미 줄 은 내 창 머 리

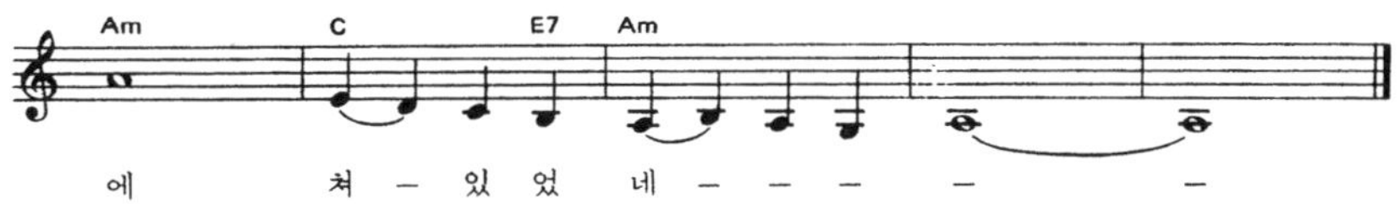

Am
C
E7
Am
에 쳐 — 있 었 네 — — — — —

봄

바람 불던 동구 밖에 겨울 빛은 사라지고
아지랭이 피어나는데
봄이 오면 온다 하던 그 사람은 오고 있나
어드메쯤 오고 있을까
지난 겨울 들판에서 불 장난을 하던 그가
봄이 되자 왜 떠났을까
무슨 설움 복받쳐서 타박 타박 떠나갔나
연 날리던 그 길 떠났나

긴 겨울 하늘엔 매만 날고
쓸쓸한 빈 들에는 바람이 불어

아이들이 연 날리던 동구 밖에 내가 섰네
봄이 오는 소리 들으며
어드메쯤 오고 있을 그 사람을 기다리네
마을 길엔 해가 저무네

(1974. 1.)

봄
Slow
Am G F Am E7
바람 불던 동구밖에 겨울빛은 사라지고 아지랑이 피어나는 데
Am G F Am E7 Am
봄이 오면 온다 하던 그 사람은 오고 있나 어드메쯤 오고 있을 까
G E7 Am C G E7
지난 겨울 들판에서 불장난을 하던 그가 봄이 되자 왜 떠났을 까
Am F E7 Am
무슨 설움 복받쳐서 타박타박 떠나 갔나 연날리던 그 길 떠났 나
C G F E7
긴 겨울 하 늘엔 매 만 날 — 고
Dm F G E7
쓸 쓸 한 빈 들에 는 바 람이 — 불 — 어
Am G F Am E7
아이들이 연날리던 동구밖에 내 가 섰네 봄이 오는 소리 들으 며
Am G F E7 Am
어드메쯤 오고 있을 그 사람을 기다리네 마을길엔 해가 저무 네

장마

손 모아 기다린 비 몹시 내리고
강마을의 아이들 집에 들어 앉으면
흰 모래 강변은 큰 물에 잠기고
말뚝에 매인 나룻배만 심난해지는데
강 건너 사공은 낮꿈에 취하여
사납게· 흐르는 물 소리도 못 듣는구나

푸르르던 하늘에 먹구름이 끼고
어수선한 바람이 술렁거리면
산길에 들길에 빗줄기 몰고
반갑잖은 손님 오듯 장마가 온다
아, 머슴 녀석은 소 팔러 가서
장마 핑계에 대포 한 잔 더 하겠구나

아침결엔 덥더니 저녁 되니 비 온다
여름 날씨 변덕을 누군들 모르랴
목탁에 회심곡에 시주 왔던 스님은
어느 인가 없는 곳에서 이 비를 만나나
저 암자 동자승은 소처럼 뛰는데
늘어진 바랑 주머니가 웬수로구나

(1974. 2.)

이 악곡은 '장마'보다는 이수만의 '한송이 꿈'으로 더 많이 알려진 악곡이다. 원래는
양병집의 음반에 나올 예정이었다가 그 음반 계획이 무산되었고 악보를 어느 음반사
가 가지고 있었는데, 후에 작곡자 동의 없이 지명길의 가사를 붙여 이수만의 음반에
실었다.

장마

Am
Dm
E7
손 모 아 기 다 린 비   몹 — 시 — 내 리   고

Dm
C
Dm
E7
강 마 을 의 아 이 들   집 에 들 어 앉 으 면

Am
E7
흰 모 래 강 변 은   큰 — 물 에 잠 기 고

Am
C
G
Am
말 뚝 에 매 인 놀 잇 배 — 만 심 난 해 지 는 데

Am
E7
강 — 건 너 사 공 은   낮 — 꿈 에 취 하 여

Am
C
G
Am
사 납 게 흐 르 는 물 소 리 — 도 못 듣 는 구 — 나

보리고개

해 걸린 고갯마루 바람이 불면
설익은 보리밭이 출렁거린다
바쁘던 일손이 한산해지매
올해도 보리고개 걱정들 한다
조상님들 대대로 헛배 부르던
눈물 나게 서러운 보리고개라

춘삼월 기나긴 날 해 떨어질 때
허기져 우는 아이 무얼 먹이랴
텃밭의 감자는 안 열렸더냐
무우밭의 장다리꽃 따다 먹이렴
집 나간 네 어미는 아니 오는데
서러운 보리고개 언제 넘기나

얘야 넌 보리밭에 가지를 마라
네 애비 보리고개 한이 되어
그 고개 못 넘기고 죽어 넘어져
애고 지고 밭고랑에 묻었다더라
할애비 제삿날은 돌아오는데
서러운 보리고개 언제 넘기나

(1974. 2.)

특별한 사회의식의 소산이라기보다는 '애기' '시름의 노래' 등의 작품에서와 같이
시골사람의 살아가는 한 모습으로서 그려진 것이다. 그래서 깊이있는 사회적 천착이
보이지 않는 대신, 불필요한 과장도 없이 비교적 담담하고 사실적으로 그려지고 있
다.

보리고개

Am C E7 Am
해 걸 린 고 갯 마 루 바 람 이 불 면

Am C Dm E7
설 익 은 보 리 밭 이 출 렁 거 린 다

Am C Dm E7
바 쁘 던 일 — 손 이 한 산 해 지 매

Am C E7 Am
올 해 도 보 리 고 개 걱 정 들 한 다

F G E7 E7
조 상 님 들 대 대 로 헛 배 부 르 던

Am C E7 Am
눈 물 나 게 서 러 운 보 리 고 개 라

애기

담 너머 뒷집의 젊은 총각
구성진 노래를 잘도 하더니
겨울이 다 가고 봄 바람 부니
새벽 밥 해 먹고 머슴 가더라

산 너머 구수한 박수 무당
굿거리 푸념을 잘도 하더니
제 몸에 병이 나 굿도 못하고
신장대만 붙들고 앓고 있더라

어리야디야 어리얼싸
어리야디야 앓고 있더라

길 건너 첫 집의 젊은 과부
수절을 한다고 아깝다더니
정 들은 이웃에 인사도 없이
그 춥던 간밤에 떠났다더라

집 나간 자식이 돌아온다 하기
동네 긴 골목을 뛰어가 보니
동구 밖 너머론 바람만 불고
초저녁 단잠의 꿈이더라

어리야디야 어리얼싸
어리야디야 꿈이더라

(1974. 2.)

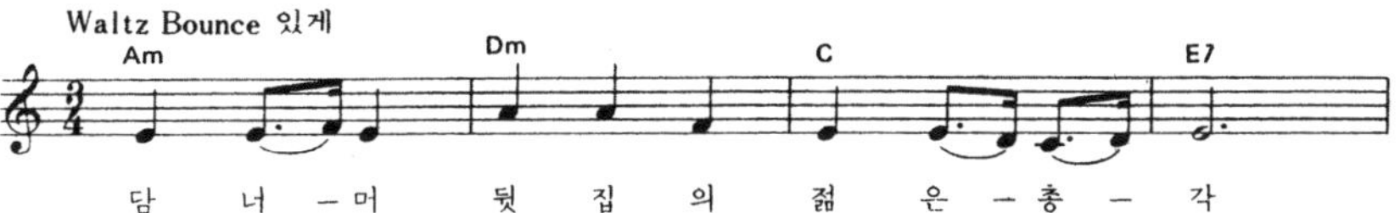
담 너 — 머 뒷 집 의 젊 은 — 총 — 각

구 성 진 노 래 를 잘 도 하 더 — 니

겨 울 이 다 가 고 봄 바 람 부 — 니

새 벽 밥 해 먹 고 머 슴 가 더 라

어 리 야 디 야 어 리 얼 싸

어 리 야 디 야 (머 슴 가 더 라)

나는 누구인고

갈 바람 소리에
두 눈을 감으면
내가 섰는 곳은 어딘고
나는 누구인고
옷자락에 스미는 찬 바람에 움츠린
나는 외로운 산길의 나그네로구나

하얀 달빛 아래
고개를 숙이면
내가 섰는 곳은 어딘고
나는 누구인고
풀밭 아래 몸을 털고 먼 곳을 향해 떠나는
나는 외로운 밤길의 나그네로구나

찬 새벽 이슬에
단잠이 깨이면
내가 있는 곳은 어딘고
나는 누구인고
근심스런 눈빛으로 울듯이 떠나가는
나는 내 먼 길을 헤매는
나그네로구나

(1974. 10.)

나는 누구인고
Waltz Bounce
갈 바 람 소 리 에 -
두 눈 을 감 으 면 -
내 가 섰 는 곳 은 어 딘 고
나 는 누 구 인 고 -
옷 - 자 락 에 스 - 미 는
찬 - 바 람 에 움 츠 린
나 - 는 외 로 운 산 - 길 의
나 그 네 로 구 나

시름의 노래

네가 운다고 누가 오랴
밭 매는 에미의 노래 들어라
꽃다운 내 청춘 시들어간다고
시름만 매고 밭은 언제 맬꼬

소금 장수 나간 네 애비한테선
오마는 기약도 아직 못 들었나
산골의 짧은 해 다 넘어가도록
밭에서 부르는 시름의 노래라

재 너머 장터의 흥청거리는 소리
들릴 듯 들릴 듯 바람 살랑대고
목 놓아 울던 아이 제 풀에 잠자고
산골의 짧은 해 다 넘어가누나

(1974.)

C Am Dm C
네 가 - 운 다 - 고 누 가 - 오 랴 - 밭
C F Em Am G G7
매 - 는 에 미 의 노 - 래 - 들 어 라 - 꽃
Am C Am Dm G G7
다 - 운 내 청 춘 시 들 - 어 간 다 고 시
C C7 F C Am D7 G G7
름 - 만 매 고 저 - 밭 은 언 제 맬 꼬 - 소
Am E E E7 Am
금 - 장 수 나 간 네 애 - 비 한 테 선 오
F Am Dm G G7
마 - 는 기 약 도 아 직 못 들 었 나 - 산
Am Dm G G7
골 - 의 짧 은 해 다 넘 - 어 가 도 록 밭
C C7 F C G C
에 - 서 부 르 는 시 름 - 의 노 래 라

아리랑

가마 타고 시집이라고 먼 길 와 보니
고개고개 설운 고개는 왜 이리도 많은지
아리랑 아리랑 아라리요
아리랑 고개는 열 두 고개

시집 오던 첫날밤에 하시던 말씀
너만 믿고 나만 믿고 잘 살아보자
아리랑 아리랑 아라리요
아리랑 고개는 열 두 고개

초가삼간 정이 들어 살만 하더니
난데없는 징용이라니 웬 말인가
아리랑 아리랑 아라리요
아리랑 고개는 열 두 고개

서방님은 다시 못 올 저 고갤 넘고
새악시는 고갯마루에 목놓아 운다
아리랑 아리랑 아라리요
아리랑 고개로 나를 넘겨 주소

아리랑 고개 너머 기적소리
내 낭군이 떠난다고 울고 가누나
아리랑 아리랑 아라리요
아리랑 고개로 나를 넘겨 주소

첫 아이를 보기도 전에 떠나간 님은
낳아 길러 장가 들이면 돌아오려나
아리랑 아리랑 아라리요
아리랑 고개로 나를 넘겨 주소

아리랑

고개 넘어 떠나간 님은 돌아오질 않고
외로울사 새악시 맘은 고개를 넘네
아리랑 아리랑 아라리요
아리랑 고개로 나를 넘겨 주소

나를 두고 떠나다니 웬 말인가
울고 넘어 온 이 고개를 울고 넘어가려네
아리랑 아리랑 아라리요
아리랑 고개로 나를 넘겨주소   (1974.)

신민요 '한오백년'이나 '아리랑 타령'과 같은 악곡에 가사를 붙인 것이다.

회상(回想)

해 지고 노을 물 드는 바닷가
이제 또 다시 찾아온 저녁에
물새들의 울음소리 저 멀리 들리는
여기 고요한 섬마을에서

나 차라리 저 파도에 부딪치는
바위라도 되었어야 했을걸
세월은 쉬지 않고 파도를 몰아다가
바위 가슴에 때려 안겨주네

그대 내 생각 잊었나
내 모습 잊었나
바위, 검은 바위
파도가 씻어주고
내 가슴 슬픈 사랑 그 누가 씻어주리
음 ──
저 편에 달이 뜨고 물결도 잠들며는
내 가슴 설운 사랑 고요히 잠이들까
음 ──

그대 내 생각 잊었나
우리 사랑 잊었나
그대 노래 소리
파도에 부서지며
내 가슴 적시던 날을 벌써 잊었단 말이
음 ──
또 하루가 가고 세월이 흐를수록
내 가슴 설운 사랑 슬픔만 더해가리
음 ──

(1974.)

원래는 바다가 나오는 어떤 외국 영화를 보고 만든 노래라고 한다. 그러나 그 특유
의 친근한 악곡과 시어 덕분에 그러한 외국의 분위기는 거의 나타나지 않는다.

윙 윙 윙

윙, 윙, 윙, 윙, 고추 잠자리
마당 위로 하나 가득 날으네
윙, 윙, 윙, 윙, 예쁜 잠자리
꼬마 아가씨 머리 위로 윙, 윙, 윙

파란 하늘에, 높은 하늘에
흰 구름만 가벼이 떠 있고
바람도 없는 가을 한낮에
꼬마 아가씨 어딜 가시나
고추 잠자리 잡으러 예쁜 잠자리 잡으러
등 뒤에다 잠자리채 감추고서 가시나

윙, 윙, 윙, 윙, 고추 잠자리
이리 저리 놀리며 윙, 윙, 윙
윙, 윙, 윙, 윙, 꼬마 아가씨
이리 저리 쫓아가며 윙, 윙, 윙

(1975.)

Swing
윙 윙 윙 윙 고추잠자리 마당위로하나가득날으네
윙 윙 윙 윙 예쁜잠자리 꼬마아가씨머리위로윙윙윙
파란하늘에 높은하늘에 흰구름만가벼이떠있고—
바람도없는 가을한낮에 꼬마아가씨어딜가시나—
고 —추잠자리잡으러— 예 —쁜잠자리잡으러—
능 —뒤에다잠자리채— 감추고서가시나
윙 윙 윙 윙 고추잠자리 이리저리놀—리며윙윙윙
윙 윙 윙 윙 꼬마아가씨 이리저리쫓아가며윙윙윙

귀향(歸鄕)

물결 위를 흘러가는 저 바람처럼
사라질 듯 식어버릴 듯
지나온 그 시절

첫 새벽 찬 이슬에 발을 적시며
말 없이 지나치던 수많은 길을
돌아보며 늙어가는 내 인생 한은 없어라

구름 가네, 달이 가네
이 발길 돌아 가네

이 곳으로 저 곳으로 흘러온 한 평생
바람같이 구름같이
가벼이 떠돌다

깊은 밤 별빛 아래 고향을 본 후
외로움에 재촉하는 가쁜 발길로
돌아가는 길목마다 낯설은 얼굴마다

꿈을 보네, 사랑을 보네
햇살이 밝아오네

(1975.)

Slow
물 결 위 를 흘 러 가 는 저 바 —
람 처 — 럼 — 사 라 질 듯
식 어 버 릴 듯 지 나 온 그 — 시 절
— 첫 새 벽 찬 — 이 슬 에 발 을 적 시 며
말 없 이 지 — 나 치 던 수 많 은 길 을 돌 아 보
며 늙 어 가 는 내 인 생 한 은 없 어
라 — 구 름 가 네 달 이 가
네 이 밤 길 돌 — 아 가 — 네 —

그리운 고향

제3부 (1976~1979년)

이 시기 작품에는 고향 시골 마을의 정경과 사람 사는 모습은 거의 드러나지 않는다. 이는 그가 군 입대를 계기로 고향을 떠나왔기 때문인데, 이제 드디어 '그리운 고향'이라는 표현이 등장하기 시작한다. 고향에서 살 때에는 고향을 사랑하고 있다고 자각하지도 못할 정도로 고향은 그의 생활 아주 깊숙이 자리하고 있었고, 아무리 나그네가 되어 떠나고 싶어도 마음대로 잘 안되어 그저 상상으로만 나그네가 되어보았던 것에 비해, 이제 막상 완전히 고향을 떠나고 보니 고향은 '그리운 고향', 아버지의 무덤이 있는 고향이 될 수 있는 것이다. 물론 아직까지는 고향에 대해 그리 절절한 그리움은 나타나지 않고 있다. 군대생활을 한 인천이나 제대 후 자리잡은 서울은 확실히 도회지였기 때문에, 이 시기의 작품에서는 그 이전 작품에서 전혀 드러나지 않았던 '새벽 광장' '성당의 종소리' '비둘기' '도회지의 황혼' 가로수나 공원의 그것임이 분명한 '은행나무' '길가에 흩어진 휴지' 골목길' 등 도회지적인 정경과 이미지들이 드러난다. 비교적 즉자적으로 묘사한 감이 짙지만 체험의 소산이기 때문에 생생했던 시골 마을의 모습은 제 그 근거를 상실하고, 대신 도시적인 정경(그러나 천성이 어쩔 수 없는 촌놈'이기 때문에 아무래도 어색한 도시성)이 자리를 잡게 되는 것이다. 시골 마을을 뛰쳐 나오고 싶었던 그의 나그네적인 성향은 이제 조금씩 익숙지 않는 도시의 방랑자 같은 모습으로 드러난다. 그래서 이 시기의 작품은 그 이전 작품에 비해 훨씬 관념적인 언어가 두드러진다. '상념' '번민' '우수' '운명' '사색' '영혼의 그늘' 등의 언어가 관념적인 고민에 빠진 청년의 이미지와 함께 드러난다. 그 결과 그는 완벽한 나그네이면서 삶과 죽음의 의미를 찾는 구도자로서의 불교 승려의 이미지를 만들어낸다. 그러나 이러한 사색은 그다지 진지하고 깊이있는 것이라고 보기는 힘들며 다분히 사춘기적인 겉치레의 흔적이 많이 남아 있다. 또한 이 시기는 사랑 노래가 가장 많은 시기이기도 하다. 본격적인 대중가요의 길로 들어서는 첫 시기였고, 나중에 아내가 된 박은옥과 연애를 하던 시절이기도 했기 때문이다.

서해(西海)에서

눈물에 옷자락이 젖어도
갈 길은 머나먼데
고요히 잡아주는 손 있어
서러움을 더 해주나
저 사공이 나를 태우고
노 저어 떠나면
또 다른 나루에 내리면
나는 어디로 가야하나

서해 먼 바다 위론 노을이
비단결처럼 고운데
나 떠나가는 배의 물결은
멀리멀리 퍼져간다
꿈을 꾸는 저녁 바다에
갈매기 날아가고
섬마을 아이들의 웃음소리
물결 따라 멀어져간다

어두워지는 저녁 바다에
섬 그늘 길게 누워도
뱃길에 살랑대는 바람은
잠 잘 줄을 모르네
저 사공은 노만 저을 뿐
한 마디 말이 없고
뱃전에 부서지는 파도소리에
육지 소식 전해오네

(1976.)

강한 비극성과 서정적인 정경 묘사 등이 돋보이는 이 작품은 작가의 특징이 잘 드러난 그의 대표작 중의 하나이기도 하다. 군대시절 인천에 근무할 때 만든 노래이다. 인천 바다의 직접적인 묘사는 아니며 인천 바다를 바라보면서 우리나라의 다른 어떤 서해를 상상하면서 만든 노래라고 한다.

사랑하고 싶소

사랑하고 싶소, 예쁜 여자와 말이오
엄청난 내 정열을 쏟아 붓고 싶소
결혼하고 싶소, 착한 여자와 말이오
순진한 내 청춘을 모두 바치고 싶소
내가 살아 있오,
내가 살고 있오
크고 작은 고뇌와 희열 속에
멋도 모르고

얘기하고 싶소, 뛰노는 저 애들과 말이오
반짝이는 그 눈망울도 바라보고 싶소
안겨 보고 싶소, 저 푸른 하늘에 말이오
우리 모두의 소망처럼 느껴보고 싶소
내가 살아있오
내가 살고있오
크고 작은 기대와 소망 속에
멋도 모르고

돌아가고 싶소, 내 고향으로 말이오
훌륭한 선친들의 말씀 듣고 싶소
떠나가고 싶소, 먼 타향으로 말이오
내 나라 삼천리 두루 다니고 싶소
내가 살아 있오,
내가 살고 있오
크고 작은 애착과 갈망 속에
멋도 모르고

(1977.)

사랑하고 싶소

Swing
사랑— 하 —고 — 싶 소— —   예쁜— 여 자 와 말 이 오—
결혼— 하 —고 — 싶 소— —   착 한— 여 자 와 말 이 오—
엄 청— 난 내 —정 열 을—   쏟 아 —붓 —고 — 싶 소— —
순 진— 한 —내 —청 춘 을—
모 두 —바 —치 고 싶 소— —   내 가— 살 아 —있 오 — —
내 가— 살 고 — 있 —오   크 고 작 은   고 뇌 와 회 —열 —
속 에 — — —   에 —, 멋 도 모 르 고 —

새벽 광장에서

어느 먼 곳 호수 위로 아침 해는 떠오르고
긴 긴 밤을 지키던 여기 저 비둘기들은
성당의 종소리에 모두 깨어 날아가고
텅 빈 광장 주위론 새벽 그림자 지나간다

밝아오는 애들 놀이터 이슬 젖은 그네가
바람에 흔들릴 뿐 아직 인적은 없는데
끊길 듯 들려오는 먼 기적 소리만
텅 빈 네 갈래 길에 잠시 머물다 지나간다

비둘기 날아라
동녘 햇살 오르는 곳
떼 지어 날아라
먼 데 호수 위로
꿈 꾸는 호수위 물 안개 걷히듯
도회지의 새벽 적막을 깨라
나의 어두운 고독을 깨라
모두 깊이 잠 들어 꿈 꾸는
이 고요한 새벽에

꿈을 꾸는 너의 새벽에 열려오는 동녘으로
깊은 잠은 시내 되어 흘러 푸른 호수에 잠기고
일렁이는 잔 물결 여울져 퍼지면
너의 고운 새벽은 물결에 밀려 다가온다

비둘기 날아라
동녘 햇살 오르는 곳
떼 지어 날아라

먼 데 호수 위로
꿈 꾸는 호수 위 물 안개 걷히듯

너의 닫힌 창문을 활짝 열고
내 연민의 햇살을 받으려므나
모두 깊이 잠들어 꿈꾸는
이 고요한 새벽에

(1977. 9.)

도회지의 어느 광장의 모습이 조금은 관념적으로 그려져 있다.

새벽 광장에서

Tremolo
어느 먼 곳 호수 위로 — 아침 해는 떠오르고 — 긴 긴
당의 종 소리에 — 모두 깨여 날아가고 — 텅 빈
밤을 지 — 키 — 던 여기 저 비둘기 들은 — 성 —
광장 주 — 위 — 론 새벽
그 림 자 지나 간다 — 밝아 오는 — 애 들 놀 이터 — 이슬
젖은 — 그 네 가 바람 에 혼 들 — 릴뿐 — 아직
인 적 은 없 는데 — 끊 길 듯 들 려 오는 — 먼
기 적 소 — 리만 — 텅 빈 네 갈 래 — 길 — 에 잠시
머물 디지 나간 다 비 둘 기 날 아 — 라 동
녀 햇살 — 오르는 곳 때 지 어 — 날 — 아라 — 먼

데 호수 —위 — 로 꿈 꾸는— 호 수 위 물

안 개 걷—히듯 — 도회 지의— — 새벽 적 막을깨라—

나 의—어 두운 고 독을깨라— — 모두 깊 이 잠 들어

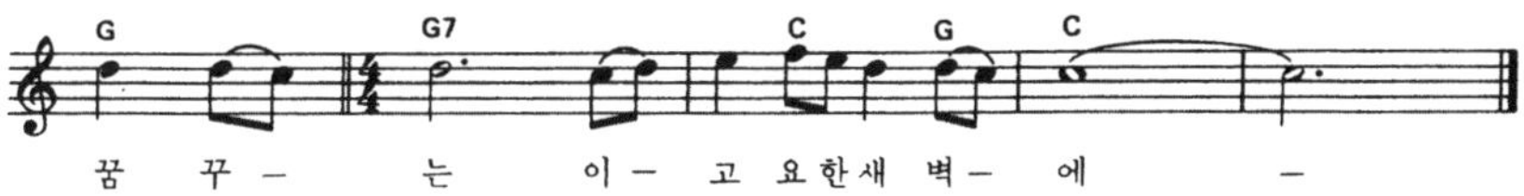
꿈 꾸— 는 이 — 고 요한새 벽— 에 —

시인의 마을

창문을 열고 내다봐요
저 높은 곳에 우뚝 걸린 깃발 펄럭이며
당신의 텅 빈 가슴으로 불어오는
더운 열기의 세찬 바람

살며시 눈 감고 들어봐요
먼 대지위를 달리는 사나운 말처럼
당신의 고요한 가슴으로 닥쳐오는
숨 가쁜 벗들의 말 발굽 소리

누가 내게 손수건 한 장 던져 주리오
내 작은 가슴에 얹어 주리오
누가 내게 탈춤의 장단을 쳐 주리오
그 장단에 춤추게 하리오

나는 고독의 친구, 방황의 친구
상념 끊기지 않는 번민의 시인이라도 좋겠오
나는 일몰(日没)의 고갯길을 넘어가는
고행의 수도승처럼
하늘에 비낀 노을 바라보며
시인의 마을에 밤이 오는 소릴 들을 테요

우산을 접고 비 맞아봐요
하늘은 더욱 가까운 곳으로 다가와서
당신의 그늘진 마음에 비 뿌리는
젖은 대기의 애틋한 우수

누가 내게 다가와서 말 건네 주리오

내 작은 손 잡아 주리오
누가 내 운명의 길 동무 돼 주리오
어린 시인의 벗 돼 주리오

나는 고독의 친구, 방황의 친구
상념 끊기지 않는 번민의 시인이라도 좋겠오
나는 일몰의 고갯길을 넘어 가는
고행의 수도승처럼
하늘에 비낀 노을 바라보며
시인의 마을에 밤이 오는 소릴 들을 테요

(1977. 9.)

이 시기의 관념성이 두드러지게 드러나는 작품 중의 하나이다. 이 작품은 발표 당시인 1978년 공연윤리위원회의 심의에서 전면 개작의 판정을 받아, 음반사에서 '탈춤의 장단'을 '생명의 장단'으로, '번민'을 '사색' 으로, '고독의 친구, 방황의 친구'를 '자연의 친구, 생명의 친구'로, 가사 몇 부분을 적당히 고쳐 심의에 통과하였다.

시인의 마을
Tempo rubato 형식으로
P.O.
P.O.
intempo
Slide   Slide
창
(G   G aug   G6   G7
문을— 열고 음 내 다 봐요— — — 저
며시— 눈 감 고 들 어 봐요— — — 먼
C   Am   C...
높 은곳 에 우 뚝걸 린깃발 펄 럭 이며— — 당
대 지위 를 달 —리 는사 나 운 말 처럼— — 당—
Bm   Am   C
신의— 텅 빈 가 슴으 —로 불 어 오는— — 진 한
신의— 고 요 한 가슴 으 로 닥 쳐 오는— — 숨—
G   Am   1 D7   2 D7
열— —기 의 —세—찬 바 람— — — — 살 — 누 가
가쁜— 벗 들 의 말—발 굽 소리— — —
Em   Bm   Em
내게— 손 수 건 한 장— 던 져 주 리오— — 내
G   Am   D7
작 은— 가 슴 에 얹어주리— 오 — 누 가

내 게— 탈 춤의 장 단 을쳐 주 리 오— — — 그
장 단 에 춤 추 게 하 리 — 오 — 나 는
고 독 의 친 구 방 랑 의 친 구 상 념 끊 기 — 지 않 — 는 빈
민 의 — 시 인 이 라 도 — 좋 겠 오 — 나 는 일 몰 의 고 갯
길 을 — 넘 어 가 는 — — — 고 행 의 — 수 도
승 처 — 럼 — 하 늘 에 비 낀 노 을 바 — 라
보 며 — — — 시 인 의 마 을 에 밤 이 — 오 는
소 릴 — — 들 을 테 요 — — —

여드레 팔십리(목포의 노래)

여드레 팔십리 방랑의 길목엔
남도 해무(南島 海霧)가 가득하고
어쩌다 꿈에나 만나던 일들이
다도해 섬 사이로 어른대누나
물 건너 제주도 뱃노래 가락이
연락선 타고 와 부두에 내리고
섬 처녀 설레던 거치른 물결만
나그네 발 아래 넘실대누나

에 헤이 얼라리여라
노 저어 가는 이도 부러운데
에 헤이 얼라리여라
님 타신 돛배로 물길 따라 가누나

떠나는 연락선 목 메인 고동은
안개에 젖어서 내 귀에 들리고
보내는 맘 같은 부두의 물결은
갈라져 머물다 배 따라 가누나
나 오거나 가거나 무심한 갈매나
선창에 건너와 제 울음만 울고
빈 배에 매달려 나부끼는 깃발만
삼학도 유달산 손 잡아 보잔다

에 헤이 얼라리여라
노 저어 가는 이도 부러운데
에 헤이 얼라리여라
님 타신 돛배도 물길 따라 가누나

(1977. 9.)

여드레 팔십리(목포의 노래)

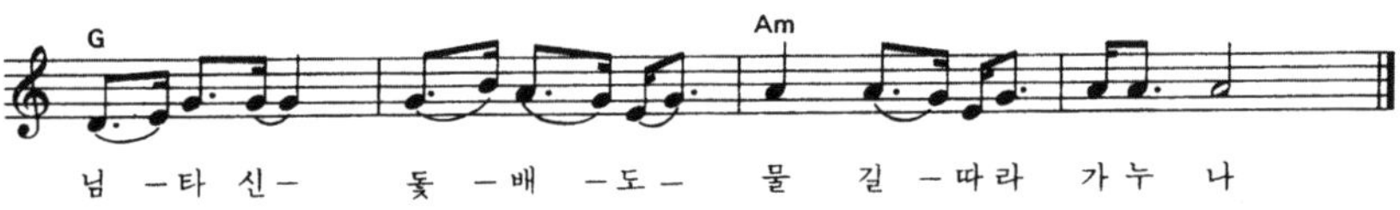

세마치장단을 연상시키는 박자에 부분적으로 민요의 느낌을 주는 선율을 가진 작품
이다. 음반 제1집에서는 기타를 중심으로 양악으로 반주되어 있는 데 비해, 제3집에
는 장구와 피리, 가야금 등의 국악기 반주로 실려 있다.

우물 속의 가을과 아버지와

돌아가는 사계의 바퀴
다시 옷깃 여미는 우수의 계절에
떨어지는 오동 나무잎에 묻히듯
나는 추억의 늪에 빠져

벽이 없는 우물같은 하늘
그 하늘에 당신의 두레박 줄 늘여
내 생명의 샘물 길어 올려 주면
내 마른 목 줄기 적실 것을

빈 두레박 홀연히 떠 올라
나의 적수공권(赤手空拳)에 쥐어지면
우물 속엔 해와 달과 별이 차갑게 흐르고
생과 사의 거친 모래알 씻어주는
맑은 시냇물처럼
내 여윈 얼굴 위론
하얀 은하수만 어지러이 여울져
찬 물 한 그릇 대접 못한
그리운 내 아버지 모습인냥
이 계절에 나의 우물 속으로 찾아오는
고귀한 피와 살과 뼈의 손님과
아 —— 서러운 가을 바람

(1977. 9.)

우물 속의 가을과 아버지와

시 냇물 처 ─ ─ 럼 ─ ─ 내 ─ 여 윈 얼 굴
위 론 ─ ─ 하 얀 은 하 수 만 어 지 러 이 여 울 ─
져 ─ ─ ─ 찬 물 한 그 릇 ─ 대 접
못 한 ─ ─ 그 리 운 내 아 버 지 ─ 모 습 인 냥 ─ ─ 이 계
절 에 ─ 나 의 우 물 속 으 로 ─ 찾 아 오 는 ─ 고 ─
귀 한 ─ 피 와 ─ 살 과 ─ 뼈 의 ─ 손 님 과 ─
─ ─ 아 ─ ─ ─ ─ ─ ─ 서 러
운 가 ─ 올 바 ─ 람 ─ ─ ─

아하, 날개여

어둠이 내 방에까지 밀려와
그 우수의 계곡에 닻을 내리면
미풍에도 떨리는 나무잎처럼
나의 작은 공상은 상처받는다

빗물마저 내 창 머리 때리고
숲 속의 새들 울음 간혹 들리면
멀리 날고픈 내 꿈의 날개는
지난 일기장 속에서 퍼득인다

아하, 날개여 날아보자
아하, 날개여 날자꾸나

등불을 끄고, 장막을 걷고,
그림자를 떨쳐 버리고
내 소매를 부여잡고 날아보자
먼동에 새벽 닭이 울기까지라도
에 헤이, 에 헤이

기다리지도 않고 맞은 많은 밤들
어쩌면, 끝내 돌아가지 않을 듯한 무거운 침묵
꿈 꾸듯 중얼거리는 나의 독백도
방황의 사색 속에 헤매이고

세월 속에 잊혀져 간 얼굴들
저 어두운 밤 바람에 흩날리면
누군가 내 창문 밖에 서성대다
비와 밤과 어둠 속에 사라진다

아하, 날개여 날아보자
아하, 날개여 날자꾸나
사랑이 있고, 행복이 있고,
기쁨과 슬픔이 함께 하는 곳
내 영혼의 그늘 밖으로 나가보자
동녘 먼 데서 햇살 떠오르기 전에
에 헤이, 에 헤이

(1977. 9.)

아하, 날개여

어둠이 — 내 방에 까 — 지 밀려와 — — —
빗물마 — 져 내 창머 — 리 때 리고 — — —
그 우수 — 의 계 — 곡 — 에 닻을 내리 면
숲 속의 새들 울 음간 — 혹 들 — 리 — 면
미 풍에 — 도 떨 — 리 — 는 나뭇 잎 — 처 럼
멀 리날 고픈 내 — 꿈 — 의 날 — 개 — — 는
나의 작 — 은 공 — 상 — 은 상 처받 — 는 다
지난 일 — 기 장 속에 — 서 퍼 득인 — 다 —
아 하, 날 개여 — 날아 보 — 자 —
아 하, 날 개여 — 날 자 꾸니 — —
등 불을끄고 — 장 막을걷고 — 그 림자를떨 쳐 버리 — 고 —

내 소매 —를 부 여잡 —고 날 아보 —자 —

먼 동 에 새벽— 닭 이 울 기까 —지 라 도 에—

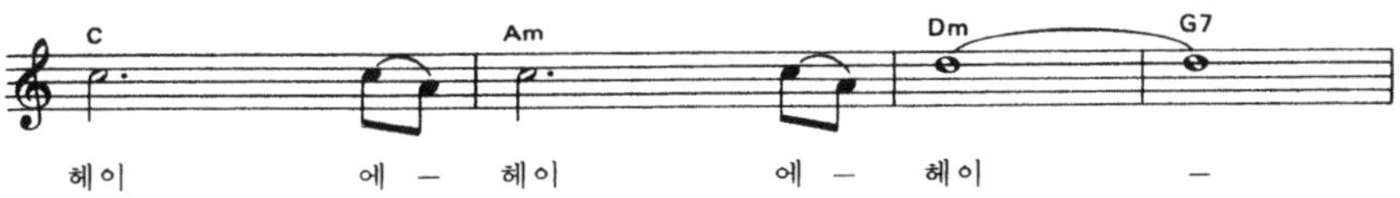

헤이 에 — 헤이 에 — 헤이 —

촛   불

소리없이 어둠이 내리고
길손처럼 또 밤이 찾아오면
창가에 촛불 밝혀 두리라
외로움을 태우리라

나를 버리신 내 님 생각에
오늘도 잠 못 이뤄 지새우며
촛불만 하염없이 태우노라
이 밤이 다 가도록

사랑은 불빛 아래 흔들리며
내 마음 사로잡는데
차갑게 식지 않는 미련은
촛불처럼 타오르네

나를 버리신 내 님 생각에
오늘도 잠 못 이뤄 지새우며
촛불만 하염없이 태우노라
이 밤이 다 가도록

(1978.)

1979년 TBC방송가요대상에서 작사부문상을 받은 작품이다. 그의 작품 중에서 이
러한 사랑 노래는 매우 드물다.

Slow gogo
Cmaj7
Slide
Em
Am
소리없 이 어둠이 내 — 리고 —
나를버 리신내 님 생 — 각에 —
D7
G
B7
길손 처 럼또 밤이 찾아오 면 —
오늘 도 잠못 이뤄 지새우 며 —
Am
C
B7
창가 에 촛불 밝혀 두 — 리라 —
촛불 만 하염 없이 태우노 라 —
C7
B7
Em
Fine
외로 움 을태 우리 라 —
이밤 이 다 — 가도 록 —
Em
Am
D7
G
사랑 은 불빛 아래 흔들리 며 —
차갑 게 식지 않는 미 — 련은 —
1. Am
B7
내 마 음 사로 잡는 데 —
2. Am
D7
G
B7
촛 불 처 럼 타 오 르 네 —
D.S.

아침 찬가

두리 덩실 솟아라 올라라
해야, 둥근 해야
동해 물결 잔잔한 바다 위로
떠오르는 너 찬란하다
온 누리에 눈부신 영광의
새 날을 주려무나
우리의 꿈과 소망이 이 땅에 있어
그 햇살에 축복을 받으리라

풀잎마다 영롱한 이슬 맺고
대자연의 합창 속에 빛날 때
넓은 강은 힘차게 흐르고
산과 들의 맥박도 뛴다
우리의 가슴 속에도 비추어라
따뜻한 마음 활짝 열리리
나의 희망, 우리의 염원
무엇이나 모두 이루리

대지는 햇살 아래 빛나고
어제는 멀리 가버렸네
물결도 이제 다시 넘실거리네
조국의 강산도 빛나네

(1978. 4.)

아침찬가

두리 덩 실 솟—아라 올—라—라 해야 둥——근—해— 야 동해
물 결 잔—잔한 바다위—로 떠오 르—는너 찬 란하 다 온누
리에 눈 부신영 광의 새— 날을 주 려무 나 우리의
꿈 과 소—망이 이땅에있어 그햇 살에축복을받으리 라 풀잎
마다 영—롱한 이슬맺고— 대자 연의 합창속에 빛 날때 넓은
강은 힘—차게흐 르고 산과 들의 맥박도뛴 다 우리의
가슴 속—에도 비추어라— 따뜻 한 마음활짝열리 리 나의
회망 우 리의 염원 — 무엇 이나 모두이루 리 대지
는 햇살아래빛 나고어제 는 멀리가버렸 네 물결 도 이제다시넘실
거 리 네 조국 의 강산도빛나 네 — 두리 라

그리운 어머니

저 꽃잎 속에 피어 오르는 향내 맡으면
꿈 속에 보듯 내 어머님의 모습 그리워

바람결 따라 어디론가 흩어져 가는
그 향기 속에 나 또한 묻혀 가고 싶어라

산과 들을 넘어,
사랑과 우정을 건너
저 향기보다 더욱 진한 근심 서린 곳으로

바람아 불어라
거기까지만 불어라
어머님의 그 말씀이
다시 들리게만 불어라
얘, 내 아들아, 복 되거라
내 사랑하는 아들아

(1978. 7.)

그리운 어머니

Slow go go

117

탁발승의 새벽 노래

승냥이 울음 따라, 따라 간다 별 빛 차가운 저 숲 길을
시냇가 물소리도 가까이 들린다, 어서, 어서 가자
길섶의 풀벌레도 저리 우니 석가 세존이 다녀 가셨나
본당의 목탁소리 귀에 익으니 어서, 어서 가자
이 발길 따라오던 속세 물결도 억겁 속으로 사라지고
멀고 먼 뒤를 보면 부르지도 못할 이름 없는 수 많은 중생들
추녀 끝에 떨어지는 풍경 소리만 극락 왕생하고
어머님 생전에 출가한 이 몸 돌계단의 발길도 무거운데
한수(漢洙)야, 부르는 쉰 목소리에 멈춰 서서 돌아보니
따라온 승냥이 울음 소리만 되돌아서 멀어지네

주지 스님의 마른 기침 소리에 새벽 옅은 잠 깨어나니
만리길 너머 파도 소리처럼 꿈은 밀려나고
속세로 달아났던 쇠 북 소리도 여기 산사에 울려 퍼지니
생로병사의 깊은 번뇌가 다시 찾아든다
잠을 씻으려 약수를 뜨니 그릇 속에는 아이 얼굴
아저씨, 하고 부를 듯하여 얼른 마시고 돌아서면
뒷전에 있던 동자승이 눈 부비며 인사하고
합장해 주는 내 손 끝 멀리 햇살 떠올라 오는데
한수(漢洙)야, 부르는 맑은 목소리에 깜짝 놀라 돌아보니
해탈 스님의 은은한 미소가 법당 마루에 빛나네

(1978. 8)
(탁발승: 托鉢僧, 시주 다니는 중)

이 시기에 승려를 소재로 한 작품 중에서 가장 정돈이 잘된 작품이다. 속세를 떠나
온 번민 많은 나그네이자 구도자인, 당시 그의 승려에 대한 생각이 잘 드러나 있다.

탁발승의 새벽노래

Tremolo
승냥이울음따라 따라 간 — 다 별빛차가운 저 숲길 — 을
길섶의풀벌레도 저리 우 — 니 석가세존이 다녀가셨나
시냇가물소리도 가까이들 린다 어서 어서가자 — 어서 어서가자
본당의목탁소리 귀 — 에익으니
— 이발길따라오던 속세 물결도 억겁속 —으로 사라지고 —
멀고먼뒤를보면 부르지도 못할 이름없는수많 은 중 생들 —
추녀끝에떨어지는 풍경소리만 극락왕생 — — 하고 —
어머님생 — 전에 — 출가한 이몸 돌계단의발길 도 무거운데 —
한수야, 부르는쉰 목소리에 — 멈춰서서 — — 돌아보니 —
따라온 승냥이 울음소리만 — 되돌아서 — — 멀어지네 —

사랑하는 이에게 Ⅱ

사랑하는 이에게
편지를 써요
깊은 밤에 일어나
다시 읽어요
매일처럼 외로운 사랑을 적어
보고 싶은 마음을 달래보아요
내일 또 만날 걸 알아요
오래 안 볼 수는 없어
하지만 또 떨어져서
이렇게 밤이 오면
화가 나게 미워요
사랑하는 이여
내 맘 모두 가져간
사랑하는 이여

(1978.)

사 랑 하 는 — 이 에 게 편 지 를 써 요 깊 은
밤 에 — 일 어 나 다 시 읽 어 요 매 일
처 럼 — 외 로 운 사 랑 을 적 어 보 고
싶 은 — 마 음 을 달 래 보 아 요 내 일
또 만날걸알아 요 오 래 안 볼수는 없 어 하 지
만 또떨 어 져서 — 이 렇 게 밤 이 오 면 화 가
나 게 — 미 워 요 사 랑 하 는 이 여 내 맘
모 두 — 가 져 간 사 랑 하 는 — 이 — 여

바람

이제는 사랑하게 하소서
여기 마음 가난한 사람들
길목마다 어둠이 내리고
벌써 문이 닫혀요
자, 돌아서지 말아요
오늘 밤의 꿈을 받아요
홀로 맞을 긴 밤 새에
포근하게 잠든 새에
당신 곁을 스쳐 갈
나는 바람이여요

이제 곧 어두운 골목길에도
발자욱 소리 그치면
어둠처럼 고이 고이
당신 곁에 갈테요
밤 하늘 구름 저 너머
당신 꿈을 펼치고
못 다한 사랑 이야길랑
내게 말해 주세요
고운 사랑 전해 줄
나는 바람이여요

(1978.)

바람

Medium
C   Em   F
이 제 는 사 랑 — 하 게 하 소 서 여 기 마 음 — 가 — 난 한

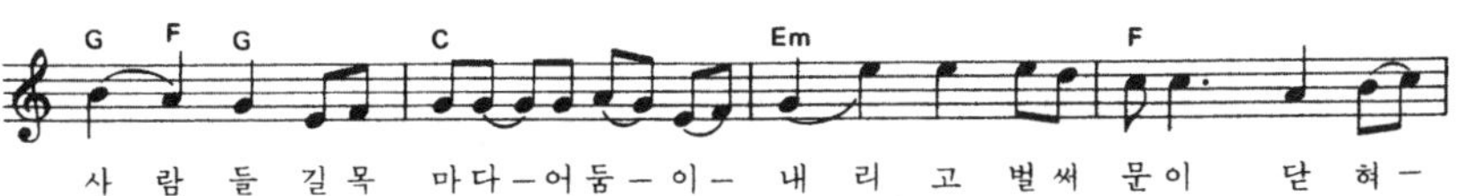

G F G   C   Em   F
사 람 들 길 목 마 다 — 어 둠 — 이 — 내 리 고 벌 써 문 이 닫 혀 —

G7   E7   Am   C   Dm
요 자 — 돌 아 — 서 — 지 — 말 아 요 오 늘 밤 의 꿈 을 받 아

G7   C   E7   Am   C   Dm
요 홀 로 맞 을 — 긴 — 밤 — 새 에 — — 포 근 하 게 잠 — 든 새

G7   C   Em   F   Fm   C
에 당 신 곁 을 — 스 — 쳐 — 갈 나 는 바 람 이 여 요

이 사람은

도회지에 황혼이 붉게 물들어 오면
여행자의 향수도 어디서 찾아든다
술렁대는 가을 바람에 잎새 떨구는 나무 아래
옷깃 여미고 홀로 섰는 이 사람은 누구냐

은행 나무 찬 바람에 그 잎새 흩어지고
가로등 뿌연 불빛 초저녁 하늘에 뿌리면
거리마다 바쁜 걸음 스쳐가는 사람 사이
처진 어깨에 발길 무거운 이 사람은 누구냐

땅거미 지고 어둔 변두리 가파른 언덕길로
어느 취객의 노랫소리 숨차게 들려오면
길 가 흩어진 휴지처럼 풀어진 가슴을 안고
그 언덕길 올라가는 이 사람은 누구냐

깊은 밤 하늘 위론 별빛만 칼날처럼 빛나고
언덕 너머 목 쉰 바람만 빈 골목길을 달리는데
창호지 문살 한 귀퉁이 뿌연 등불을 밝히고
거울 보며 일기 쓰는 이 사람은 누구냐

(1978. 10.)

도회지 사람이 된 그의 자화상 같은 모습이다. 그의 작품에는 이런 자화상 같은 작품이 여러 편 되는데, 이 작품은 초기의 '나는 누구인고'나 80년대 전반의 '우리는' '우리들은' '그의 노래는' 등과 좋은 대비를 이룬다. 전반적으로 고독하고 외로운 모습으로 그려져 있기는 하나, '나는 누구인고'에서와 같이 고향을 떠나 나그네가 되고 싶은 심사도 아니고, 80년대 전반기의 노래들처럼 깊은 고민도 드러나지 않는다.

이 사람은

C   Am   F   C
도- 회-지에---황 혼이--- 붉게 물 들어 -오 면   여-

C   Am   F   G7
행 자의 -향 수도- 어 디 서---찾 아 든다-   술 렁

F   C   F   C
대 는- 갈 바 람에- 잎새 떨 구는- 나무 아래-   옷 깃

C   Am   F   C
여 미고홀 로 섰는- 이 사 람은- 누 구   냐

합 장(合掌)

탑 돌아 불어오는 바람결에
너울진 소맷자락 날리고
새하얀 고깔 아래 동그란 얼굴만
연꽃잎처럼 화사한데

그 고운 눈빛 속에 회한(悔恨)이사 없으랴만
연잎에 맺힌 이슬 빛나는 햇살에
눈길 주어 웃는다

이 생(生)의 뜨거운 것 노을 빛 젖어 가려무나
허공의 먼 파도 소리도 연잎 아래 잠들어라

염주알 헤아리는 모타라수(母陀羅手)에
백팔번뇌(百八煩惱)사라지고
그 님의 고운 미소 초저녁 하늘로
자비롭게 번진다

그 마음 구비 구비 울리는 풍경(風磬)에
엉킨 매듭 풀리고
억만겁(億萬劫) 하루 같이 흘러온 세월만
초저녁 비에 젖는데

저 맑은 연못 속의 볼 젖은 꽃잎을 보다가
한 걸음 다가서며 나무아미타불
그 님 목소리도 고와라

이 生의 메마른 것 세우보시(細雨報施)로 젖으려무나
법당의 먼 불경 소리에 사바세계(娑婆世界)는 잠들어라

비 젖은 쇠 북 소리 먼 먼 길을
어둠 속으로 떠나고
그 님도 먹장삼(長衫)에 비 적시며
돌계단을 오른다   (1978. 11.)

</br>

Arpeggio
합장

Am
Dm
E7
탑 돌아 불어 오는 바 람결 —에 너 울 진 소매자락 날 리고 —

Am
Dm
E7
새 하얀 고깔 아래 동 그란 얼 굴만 연 꽃 잎 처 럼 화 사한 데 —

Am
G
E7
그 고 운 눈 빛 속 —에 회한 이 —사 — 없 으랴 —만

Am
G
Am
연 잎에 맺 힌 이슬 빛 나 는 햇 살에 눈 길 주 —어 — 웃 는 다 — —

Am
G
E7
이 —생 —의 뜨 거운 —것 노을 빛 —젖 어 가려 무 —나

Am
G
C
E7
허 —공 —의 파 — 도 소 리 도 연 잎 아 —래 — 잠 들 어 —라

Am
Dm
E7
염 주 알 헤 아 리 는 모 타 라 수에 백 팔 번 —뇌 — 사 라 지고 —

Am
G
Am
그 님의 고운 미소 초 저 녁 하 늘로 자 비 롭 —게 — 번 진 다 —

고향

서산에 노을은 타는데
서산에 노을은 타는데
서산에 노을은 타는데
내 맘도 불 붙어 타는데

저문 산 언덕에 소나무
저문 산 언덕에 소나무
저문 산 언덕에 소나무
세상의 한 그루 소나무

어둔 들 가운데 하얀 말
어둔 들 가운데 하얀 말
어둔 들 가운데 하얀 말
내 맘에 묶여진 하얀 말

내 방 한 구석의 손가방
내 방 한 구석의 손가방
내 방 한 구석의 손가방
내 인생 따라온 손가방

밤마다 꿈 속의 고향 길
밤마다 꿈 속의 고향 길
밤마다 꿈 속의 고향 길
내 향수 달리는 들녘 길

(1978. 12.)

'사망부가'와 함께 그의 고향에 대한 생각이 달라지고 있음을 엿볼 수 있게 하는 작품이다. 반복되는 가사와 순차적으로 내려오는 선율이 재미있다.

사망부가 (思亡父歌)

저 산꼭대기 아버지 무덤
거친 베옷 입고 누우신 그 바람 모서리
나 오늘 다시 찾아가네
바람 거센 갯벌 위로 우뚝 솟은 그 꼭대기
인적 없는 민둥산에 외로워라 무덤 하나
지금은 차가운 바람만 스쳐갈 뿐
아, 향불 내음도 없을
갯벌 향해 뻗으신 손발 시리지 않게
잔 부으러 나는 가네

저 산꼭대기 아버지 무덤
모진 세파 속을 헤치다 이제 잠드신 자리
나 오늘 다시 찾아가네
길도 없는 언덕배기에 상포(喪布)자락 휘날리며
요랑 소리 따라 가며 숨 가쁘던 그 언덕길
지금은 싸늘한 달빛만 내리비칠
아, 작은 비석도 없는
이승에서 못다하신 그 말씀 들으러
잔 부으러 나는 가네

저 산꼭대기 아버지 무덤
지친 걸음 이제 여기 와
홀로 쉬시는 자리
나 오늘 다시 찾아가네
펄럭이는 만장(輓章)너머 따라오던 조객들도
먼 길 가던 만가(輓歌)소리 이제 다시 생각할까
지금은 어디서 어둠만 내려올 뿐
아, 석상(石像) 하나도 없는
다시 볼 수 없는 분 그 모습 기리러
잔 부으러 나는 가네

(1979)

사망부가

아버지가 돌아가신 직후에 만든 노래이다. 생전에 속만 썩혀드린 아버지에 대한 애
정이 담담하게 그려져 있다. 대개 어머니에 대한 사랑을 노래한 작품은 흔하지만,
이 노래는 아버지에 대한 사랑을 노래한, 그리 흔하지 않은 작품이다. 오히려 아버
지가 돌아가시는 실제의 경험 때문인지, '그리운 어머니'에 비해서도 아버지에 대한
사랑이 훨씬 구체적이고 절절하게 드러나고 있다.

사랑하는 이에게 Ⅲ

그대 고운 목소리에
내 마음 흔들리고
나도 모르게 어느새
사랑하게 되었네

깊은 밤에도 잠 못 들고
그대 모습만 떠올라
사랑은 이렇게 말 없이 와서
내 온 마음을 사로잡네

음, 달빛 밝은 밤이면
음, 그리움도 깊어
어이 홀로 새울까
견디기 힘든 이 밤

그대 오소서 이 밤길로
달빛 아래 고요히
떨리는 내 손을 잡아주오
내 더운 가슴 안아주오

(1978.)

연애시절의 대표적인 노래라고 할 수 있다. 가사는 아내인 박은옥이 지었다.

Slow
그 대 고운 목 소 리 에   내 마음 흔 들 리 고
나 도 모 르 게 어 느 새   사 랑 하 게 되 었 네
깊 은 밤 에 도 잠 못 들 고   그 대 모 습 만 떠 올 라
사 랑 은 이렇게 말 없 이   와 서 내 온 마음을 사 로 잡 네 음—
달 빛 밝은 밤 이 면   음— 그 리 움 도 깊 어 어 이
홀 로— 새 울— 까   견 디 기 힘 든 이 — 밤
그 대 오 소 서 이 밤 길 로   달 빛 아 래 고 요 히
떨 리 는 내 손 을 잡 아 주 오—   내 더 운 가 슴 안 아 주 오

하늘 위에 눈으로

하늘 위에 눈으로
그려 놓은 당신 얼굴
구름처럼 흩어져
오래 볼 수가 없네

산봉우리가 구름에
갇히어 있듯이
내 마음 외로움에
갇히어 버렸네

너무나 보고 싶어
두 눈을 감아도
다시는 못 만날
애달픈 내 사랑

(박은옥 작사, 곡)

(1978.)

하늘 위에 눈으로

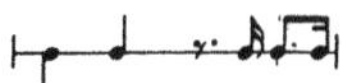

하 늘 위 에 눈 으 로 —
산 봉 우 리 가 구 름 에 —
그 려 놓은 당 신 얼 굴 —
갇 히 어 — 있 듯 이 —
구 름 처 럼 흩 어 져 — — —
내 마 음 — 외 로 움 에 — —
오 래 볼 수 가 없 네 —
갇 히 어 — 버 렸 네 —
너 무 나 보 고 싶 어 —
두 눈 을 감 아 도 —
다 시 는 못 만 날 —
애 달 픈 내 사 랑 —
Fine
D.C.

파계(破戒) (새벽길)

주룩 주룩 내리는 봄 비에
이 겨울 추위도 풀리고
끝도 없이 내리는 밤 비에
요내 심사도 풀리려나

에헤야 떠나가네
밤마다 꿈마다 가던 길
에헤야 돌아가네
빗길로 한사코 간다네

그렁 저렁 살아서 한 평생
한도 탈도 많다만
풍진속세(風塵俗世) 그대만 믿고서
나 다시 돌아를 가려네

어서 어서 돌아만 오소서
내 들은 일이야 없건만
새벽 꿈자리 심난한 까닭은
그대 장난이 아닌가

질척 질척 비 젖은 황토길
마음은 혹심(或心)에 급한데
헐떡헐떡 어두운 새벽 길
왜 이리 걸음은 더딘고

(1979. 4.)

파계(새벽길)

주룩 주룩 — — 내 — 리 는 — 봄 비 에 —
이 겨 울 추 위 도 풀 리 고 —
끝 도 없 이 — — 내 — 리 는 — 밤 비 에 —
요 내 — 심 사 도 풀 리 려 나
에 헤 여 떠 나 가 네
밤 마 다 꿈 마 다 가 던 길 —
에 헤 여 돌 아 가 네
빗 길 로 한 사 코 간 다 네 —

그의 노래는

제4부 (1980~1984년)

1980년대로 들어오면서 그의 고민은 농도가 짙어지고 절실해진다. 1970년대 후반처럼 번민, 상념, 우수 등의 단어가 빈발하지 않음에도 불구하고 그 시기보다 고민의 심도는 깊고 절실하며, 감상적 차원을 넘어서 있다. 막연한 상념이나 방황이 아니라, '제 일에만은 인자하고 관대'하면서도 '타인의 실수엔 절대 관용이 없는 소인배'이고 '그릇된 애착과 욕망'을 가진 인간에 대해, '가려진 실상과 전도된 가치'속의 이 '거칠고 삭막한 도회지'에 대해서, '모두가 알고 있는 과오가 되풀이되고' 그 속에서 떠밀려 피곤하게 하루 하루를 살아가는 '고향 잃은' 사람들에 대해서 생각하게 된다. 이러한 고민은 자폐적이고 자학적인 고민으로 빠져버리기도 하고, 때로는 사회에 대한 고민으로 나아가는 조짐을 보이기도 한다. 그러나 어느 것 하나 시원스레 해결이 나지 않는다. 드디어 고향과 어린 시절의 체험은 새로운 의미를 가지고 다시 작품에 자주 등장하게 된다. 도회지에서의 무의미하고 비인간적인 삶에 비해, 과거 어릴 적에 체험한 고향 마을에서의 사람살이는 적어도 사람 사는 것 같은 모습으로 드러난다. '황포돛배' 들어오는 모습이나 '진달래 고운' 산의 두견새나 '재 너머 장거리에 소 팔러 간' 아버지의 모습 등 과거의 체험 그대로 드러나기도 하고, 현재의 시점에서 이제는 땅도 집도 다 팔아버리고 동무들도 떠나버려 돌아갈 곳 없는 고향이지만, 기억만은 따뜻한 고향으로 돌아감으로써 드러나기도 한다. 이제 그에게 고향은 정말로 돌아가고 싶은, 그러나 돌아갈 수 없는 고향이 된 것이다.

전통에 대한 그의 생각도 이와 무관하지 않다. 전통은 그의 어린시절의 체험 속에 생생히 살아 있고, 그 속에서 우리가 현재 잃어버리고 있는 어떤 귀중한 것이 존재하며, 그것은 현재로 창조적으로 계승해야 한다고 생각한다. 그래서 그는 전통을 박제화하는 태도를 지독하게 혐오한다. 그러나 이러한 절절한 고민의 해결방향은 제대로 정리되어 있지는 않다. 달관하고 초연하고자 하는 태도가 지배적이며, 세상 자체에 대한 염증도 종종 드러나고 있는 한편, 훨씬 사회적인 인식으로 나아가고자 하는 지향도 조금은 보이기 때문이다.

시인의 창

깨뜨릴 수 없는 한밤의 정적 속에 묻혀
홀로이 창가에 불을 밝히운 이 있어
짙은 어둠 속에 한 가닥 그의 불빛만
이리 저리 헤매이다 흩어져

모든 이의 깊이 잠든 한 밤의 꿈 속엔
허황된 이야기만 엮이고 풀리는데
그의 창가로 바람처럼 서성대며
가고 오는 시간만
모든 진실을 얘기할 듯 싶구나

언덕배기 시인의 이층 창가엔
고도의 등대처럼 불빛만 외로운데
그는 사려 깊은 진리의 선각자처럼
명상의 웅덩이에 잠겨 있을까

아침이면 모두 간밤의 꿈에서 덜 깨어
또 반짝이고 큰 것만 찾아 나서는데
맑은 예지로 모두 깨워줄 우리의 시인은
아직 기침 소리 조차 없구나

언덕배기 시인의 이층 창가엔
고도의 등대처럼 불빛만 찬란한데
그는 총명한 진리의 구도자처럼
사색의 우물 속에 잠겨있을까

아침이면 모두 간밤의 꿈에서 덜 깨여
또 어른거리는 허상만 쫓아 나서는데
맑은 예지로 모두 깨워줄 우리의 시인은
벽에 기대어 잠들어 있구나   (1980. 8.)

시인의 창

깨뜨 릴 수 없 는 — 한 밤 의 정 — 적 속 에 묻 혀 —
이 의 — 깊 이 잠 든 한 밤 — 의 꿈 속 엔 — — —

홀 로 이 창 가 에 — 불 을 — 밝 히 운 이 있 — 어 —
허 황 된 이 야 기 만 엮 이 고 — 풀 리 — 는 — 데 —

짙 은 어 둠 속 에 — — 한 가 닥 — — — 그 — 의 — — — 불 빛
그 의 창 — 가 로 — — 바 람 처 럼 — — — 오 고 — 가 는 시 간

만 이 리 저 러 — 헤 매 이 다 흩 어 져 — 모 든
만 모 든 진 실 을 애 기 할 듯 싶 구 나

언 덕 배 기 — 시 인 의 이 충 창 가 엔 —

고 도 의 등 대 처 럼 불 빛 만 외 로 운 — 데 —

그 는 사 려 깊 은 — 진 — 리 의 구 — 도 자 처

럼 명 상 의 웅 덩 이 에 — 잠 겨 있 을 까 —

봉숭아

초저녁 별빛은 초롱해도
이 밤이 다하면 질터인데
그리운 내 님은 어딜 가고
저 별이 지기를 기다리나

손톱 끝에 봉숭아 빨개도
몇 밤만 지나면 질터인데
손가락마다 무명실 매어주던
곱디 고운 내 님은 어딜 갔나

별 사이로 맑은 달
구름 걷혀 나타나듯
고운 내 님 웃는 얼굴
어둠 뚫고 나타나소

초롱한 저 별빛이 지기 전에
구름 속 달님도 나오시고
손톱 끝에 봉숭아 지기 전에
그리운 내 님도 돌아오소

(박은옥 작사)

(1981. 1.)

봉숭아

초 저녁 — 별 빛 은 초 롱 해 도 이 몇 구
저 톱 끝 에 봉 숭 아 빨 — 개 도 도 멸
롱 한 저 별 빛 이 지 기 전 에 구

밤 이 다 하 면 질 터 인 인 데 그 손
밤 만 지 나 면 질 터 인 데 그 손
름 속 달 님 도 나 오 시 고 손

리 운 내 님 은 어 딜 가 고 저 곱
가 락 마 다 무 명 실 매 어 주 던 저 곱
톱 끝 에 봉 숭 아 지 기 전 에 그

별 이 지 기 를 기 다 리 나 손
디 고 운 내 님 은 어 딜 갔
리 운 내 님 도

나 별 사 이 로 — — 맑 은 달 — 구

름 걷 혀 나 타 나 듯 — 고 운 내 님 —

— 웃 는 얼 굴 — — 어 둠 뚫 고 나 타 나

소 — 초

돌 아 오 소

우리들은

제 꼬리를 물려고 뱅글뱅글 도는
고양이처럼
제 그림자를 밟으려고 뛰는 아이처럼
우리도 언제까지나 맑은 마음으로
육신의 어둡고 긴 충동을
희롱할 순 없을까

웃는 얼굴 속에 감춰진 또 다른
추악한 얼굴처럼
밝은 한쪽과 그 뒤의 길다란
그림자처럼
자신과 또 그 내부의 자신과의
싸움에서
최고의 선(善)을 향한 우리는
항상 승리할 수 없을까

어린 학생의 잘못에 조금치도 용서 없는
어느 선생님처럼
타인의 실수엔 절대 관용도 없는
소인배처럼
제 일에만은 인자하고 관대하던 우리들
자신의 과오에도 언제나 그렇게
엄격할 순 없을까

부딪쳐 오는 파도처럼
몰아쳐 오는 바람처럼
유혹과 시련은 끝이 없고
그 길가에 내가 섰는데

제 어미의 젖을 배불리 먹고 잠든
저 어린애처럼
저 산모퉁이 무덤 속의 영혼 없는
육신들처럼
우리가 모두 허기진 짐승인 양 집착하던
그릇된 애착과 욕망으로부터
초연할 순 없을까

비가 오거나 눈 오나 항상 푸르른
소나무처럼
인적 있거나 없거나 항상 열려진
저 숲속 길처럼
우리도 어느 땐가는 단 한 순간만이라도
작고 하찮은 세상 모든 것으로부터
달관할 수 없을까

(1981. 2.)

이 세상 사람들은 작고 하찮은 것에 집착하고 그 속에서 헛된 이기심을 키우면서 살아가고 있다고 생각하는 이 시기의 고민의 단면이 솔직하게 드러난 작품이다.

우리들은

Arpeggio
제 — 꼬리를물—려고— 뱅글뱅글—도는— 고—양이—처럼 — 제—
그림자를--밟으 려고--뛰는-- 아이--처—럼— — 우리
도 언제 까—지나 ----맑—은— 마음으로— — 육신
의 어둡고긴-- 충—동을 -- 회롱할순없—을까 — —
(후렴) 부딪쳐 오는— 파도처 럼 — 몰아
쳐 오는— 바람처 럼 유혹과
시 련은 끝이없 고 — 그길
가에 — 내가섰 는 데 —

애기 노래(비야 비야)

오늘은 오랫만에 재 너머 장 서는 날
아버지 조반 들고 총총히 떠나시고
어머님 세수하고 공연히 바쁘시고
내 누이 포동한 볼 눈매가 심난하다

어린 소 몰아 몰아 아버님 떠나시자
분단장 곱게 하신 어머님도 간 데 없고
영악한 우리 누이도 샛길로 숨어가고
산중의 초가삼간 애기 하나가 집을 본다

산중의 애기 하나 혼자서 심심해라
우리 오매 어디가고 우리 누이 어디 갔나
열린 문 저거 넘어 너두야 따라 갈래
재 너머 장 거리엔 구경거리 많다더라

장거리 구경거리 꿈에나 보자는지
애기는 제 팔 베고 스르르 잠이 들고
이리 뒤척 저리 뒤척 깊은 잠 못 자는데
애기네 집 마당에 먹구름 몰려온다

배고파 깨인 애기 빗소리에 귀가 번쩍
문 밖을 내다 보다 천둥 번개에 놀라고
그래도 꿈쩍 않고 신기한 듯 바라보다
무슨 소견 제 있는지 입 속으로 중얼댄다

비야 비야 오지 마라 재 너머 장거리에
소 팔러 간 우리 아배 좋은 흥정에 일 다 보고
대낮 술에 취하시어 가슴도 후끈한데
후드득 소낙비에 소주 탁주 다 깨신다

비야 비야 오지 마라 재 너머 장거리에
사당패 짓거리에 넋이 나간 우리 오매
죄는 가슴 땀 나는 손 소낙비에 흥 깨지고
정성 들여 곱게 하신 분단장도 지워진다

비야 비야 오지 마라 재 너머 장거리에
몰래 나간 우리 누이 비 맞으면 혼이 나고
포목전 예쁜 옷감에 공연히 설레이다
이리 질척 저리 질척 장 구경도 다 못한다

(1981. 3.)

오랫만에 온 장날, 마음 들뜬 시골 마을의 한 식구들의 모습이 잘 그려져 있는 작품
인데, 공연윤리위원회에서 가정을 부정적으로 표현했다고 하여 공윤과 작가 사이에
실랑이가 오간 작품이다. 공윤심의의 부당함이 다시 한번 드러나는 실례이다.

애기 노래(비야 비야)

Dm
Gm
Dm
오 - 늘은 - - 오 랫만에 - - 재 - 너 머 - - 장 서는 날 - -

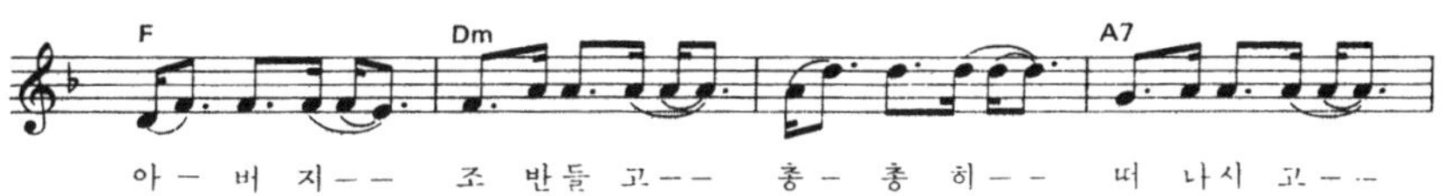

F
Dm
A7
아 - 버 지 - - 조 반들고 - - 총 - 총 히 - - 떠 나시 고 - -

Dm
F
Gm
어 - 머 님 - - 세 수하 고 - - 공 - 연 히 - - 바 쁘시 고 - -

F
Gm
Dm
내 - 누 이 - 포 동한 볼 - - 눈 - 매 가 - - 심 난하다 - - -

보름달

보름달
시골 마당에 숨바꼭질하는 애들
짚동가리 사이로 모두 깊이 깊이 숨어라
거기 환한 달빛 비춰, 깜짝 놀라
나는 왜 숨어 다닐까, 숨어 다닐까

보름달
시골 마당에 술래 잡기하는 애들
술래한테 채일라 모두 빨리 빨리 뛰어라
제 그림자 밟으며 골목 골목 달리다
나는 왜 쫓겨 다닐까, 쫓겨다닐까

보름달
시골 마당에 밤 늦도록 놀던 애들
집안 식구 깨일라 살금 살금 들어가라
방문 여는 소리 너무 커서 깜짝 놀라
나는 왜 몰래 다닐까, 몰래 다닐까

보름달
서울 한 복판 많은 업무에 시달리다
친구하고 한 잔 하고 통금 직전에 나와
방범대 호각에 놀라 허둥지둥 달리다
나는 왜 쫓겨 다닐까, 쫓겨 다닐까

(1981. 3.)

Slow gogo
Em   Am
보름 달, 시골 마 당에 — 숨바 꼭 질 — 하 는 — 애들 —   짚동

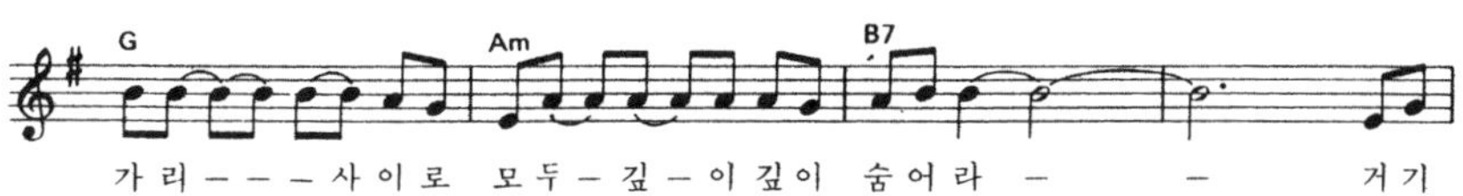
G   Am   B7
가 리 — — — 사 이 로 모 두 — 깊 — 이 깊 이 숨 어 라 — — —   거 기

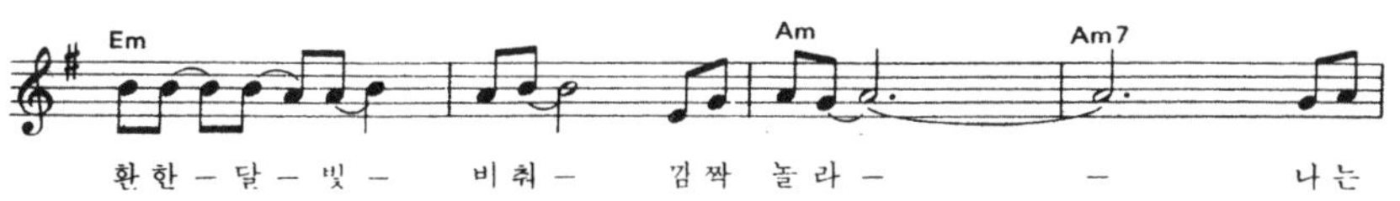
Em   Am   Am7
환 한 — 달 — 빛 —   비 춰 —   깜 짝 놀 라 — — —   나 는

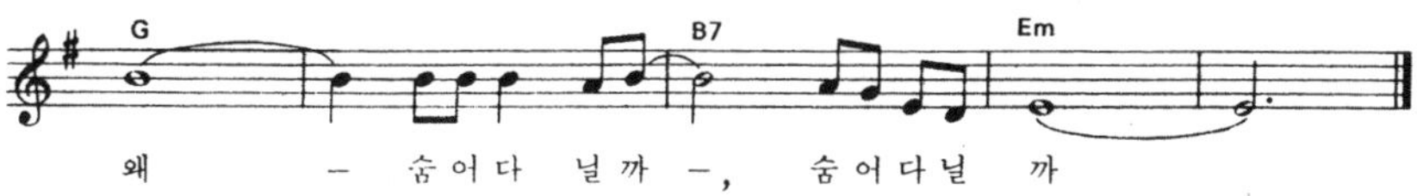
G   B7   Em
왜   — 숨 어 다 닐 까 — ,   숨 어 다 닐 까

얘기 2

저 들 밭에 뛰놀던 어린 시절
생각도 없이 나는 자랐네
봄 여름 갈 겨울 꿈도 없이 크며
어린 마음 뿐으로 나는 보았네
도두리(棹頭里) 봄 들판 사나운 흙바람
문둥이 숨었는 학교길 보리밭
둔포장(屯浦場) 취하는 옥수수 막걸리
밤 깊은 노성리(老城里) 성황당 돌 무덤
달 밝은 추석날 얼근한 농악대
궂은 밤 동구 밖 도깨비 씨름터
배고 픈 겨울 밤 뒷동네 굿거리
추위에 갈라진 어머님 손잔등을

이 땅이 좁다고 느끼던 시절
방랑자처럼 나는 떠다녔네
이리로 저리로 목적지 없이
고단한 밤 꿈 속처럼 나는 보았네
낙동강 하구의 심난한 갈대 숲
회뿌연 안개가 감추는 다도해
호남선 지나는 김제 벌 까마귀
뱃놀이 양산도 설레는 강마을
뻐꾸기 메아리 산골의 오두막
돌멩이 구르는 험준한 산계곡
노을 빛 뜨거운 서해안 간척지
내 민족 허리를 자르는 휴전선을

주변의 모든 것에 눈뜨던 시절
진실을 알고자 난 헤매였네
귀를 열고, 눈을 똑바로 뜨고
어설프게나마 나는 듣고 보았네
길 잃고 헤매는 교육의 현장과
지식의 시장에 늘어선 젊은이
예배당 가득히 넘치는 찬미와
정거장마다엔 떠나는 사람들
영웅이 부르는 압제의 노래와
젖은 논 벼 베는 농부의 발자욱
빛 바랜 병풍과 무너진 성황당
내 겨레 고난의 반도땅 속앓이를

얼마 안 있어 내 아이도 낳고
그에게 해 줄 말은 무언가
이제까지도 눈에 잘 안띄고
귀하고 듣기 어려웠던 얘기들
아직도 풋풋한 바보네 인심과
양심을 지키는 가난한 이웃들
환인의 나라와 비류의 역사
험난한 역경 속 이어온 문화를
총명한 아이들의 해맑은 눈빛과
당당한 조국의 새로운 미래를
깨었는 백성의 넘치는 기상과
한뜻의 노래와 민족의 재통일을

(1981. 3.)

Fingering
저 들밭 에 뛰 — 놀 던 — 어 린 시 절
봄 여 름 갈 — 겨 울 — 꿈 도 없 이 크 며
생 각 도 없 이 나 는 — — 자 랐 — — 네
어 린 마 음 뿐 — 으 로 — 난 보 았 — 네
도 두 리 봄 — 들 판 사 나 운 흙 — 바 람
문 둥 이 숨 — 었 는 학 교 길 보 리 — — 밭
둔 포 장 취 — 하 는 옥 수 수 막 걸 — 리
밤 깊 은 노 성 — 리 성 황 당 돌 무 — — 덤
달 밝 은 추 — 석 날 얼 근 한 농 — 악 — — 대
굿 은 밤 동 — 구 밖 도 깨 비 씨 름 — — 터

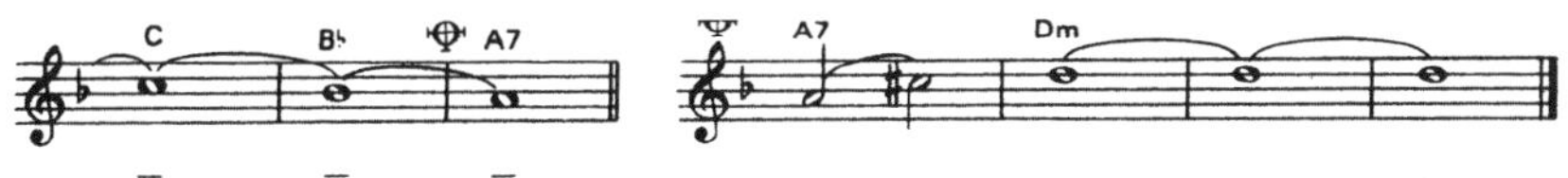

음반으로 발표된 것은 1988년이지만, 오래 전에 만들어둔 작품이다. 어린 시절부터 지금까지의 자신의 인식세계의 변화를 그대로 보여주는 이 작품은, 만들고 난 후 발표되기까지 3,4절 가사가 많이 바뀌었다. 공윤의 심의를 의식해서 바꾼 부분도 있지만, 개념적이어서 불편한 표현을 형상적인 표현으로 다듬은 부분도 있고, 작품을 만들 당시와 생각이 달라져서 가사를 바꾼 부분도 있다.

정 새난슬

새로워라
태어났구나
하늘 바람을 가르며 나는 새
그 떳떳함이야

난(蘭)이야, 향(香)이야
이슬
옥구슬

안으로 맑음
밖으로 밝음이야
거문고는 그 소리라
정 새 난 슬

(1981. 4.)

'정새난슬'은 그의 딸 이름이며 '새로 난 슬기로운 아이'라는 뜻이다. 그 이름과 이
노랫말은 국민학교 교사이며 어릴 적부터 그와 가장 잘 통했던 세째 형(정태의)이
지어준 것이다.

정 새난슬
Medium
E Esus4
새 로
E A
워 라 — — 태 — 어 났구 니 — — 하늘
E B7
바 람 — 가 — 르 며 나는 — 새 그 떳떳 함 이야 — 난 —
E A Am
이 야 — , 향 — 이 야 — , 이 슬 옥 구 슬 안으
E F#m B7
로 — — 맑 — 음 — 밖 으로 — 밝 음 이 야 — 거문
E A
고 는 — — 그 소 리라 — — 정 —
Am E
새 — 난 — 슬

우네

저 건너 산에는 진달래 고운데
그 꽃을 못 먹어 두견이 우는데
우네, 우네, 두견이 우네
진달래 향기에 취해서 우네

동구 길 텃논엔 장마 비 오는데
넘치는 논 둑엔 개구리 우는데
우네, 우네, 개구리 우네
장대 비 속에서 목 놓아 우네

외딴 집 마당엔 갈 햇볕 좋은데
빈 집을 지키는 아기는 우는데
우네, 우네, 아기가 우네
하늘이 깊다고 무서워 우네

눈 내린 산천엔 삭풍이 부는데
어둠에 덮인 채 뒷산이 우는데
우네, 우네, 뒷산이 우네
긴 긴 밤 눈가루 날리며 우네

(1981. 7.)

우네

Dm
Gm
저 — 건 너 — 산 — 에 — 는 — 진 — 달 — 래 — 고 운 — 데 — —

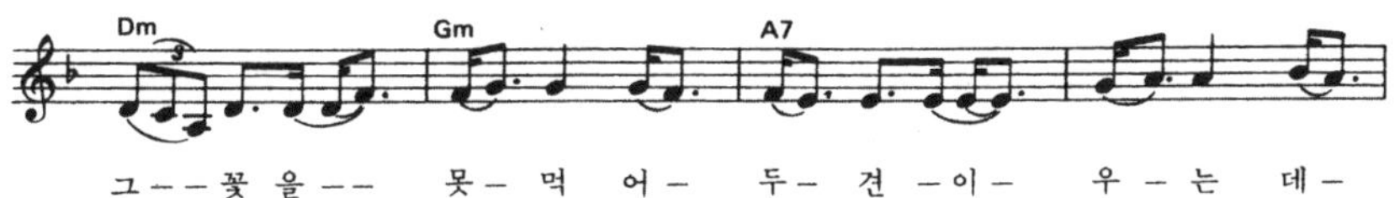

Dm
Gm
A7
그 — — 꽃 을 — — 못 — 먹 어 — 두 — 견 — 이 — 우 — 는 데 —

Dm
F
우 — 네 — 우 — 네 — 두 — 견 — — 이 — — 우 — 네 —

Gm
A7
Dm
진 — 달 래 — 향 — 기 — 에 — 취 — 해 — 서 — — 우 네 —

한 여름 밤

한 여름 밤의 서늘한 바람은 참 좋아라
한낮의 태양 빛에 뜨거워진 내 머릴 식혀 주누나
빳빳한 내 머리카락 그 속에 늘어져
쉬는 잡념들
이제 모두 깨워 어서 깨끗이
쫓아 버려라

한 여름 밤의 고요한 정적은 참 좋아라
그 작은 몸이 아픈
나의 갓난 아기도 잠시 쉬게 하누나
그의 곁에서 깊이 잠든
피곤한 그의 젊은 어미도
이제 편안한 휴식의 세계로
어서 데려 가거라

아무도 문을 닫지 않는 이 바람 속에서
아무도 창을 닫지 않는 이 정적 속에서
어린 아기도 잠이 들고
그의 꿈 속으로 바람이 부는데

한 여름 밤의 시원한 소나기 참 좋아라
온갖 이기와 탐욕에 거칠어진 세상 적셔 주누나
아직 더운 열기 식히지 못한
치기 어린 이 젊은 가슴도
이제 사랑과 연민의 비로 후드득 적셔 주어라

한 여름 밤의 빛나는 번개는 참 좋아라
작은 안락에 취하여
잠들었던 혼을 깨워 주누나
번쩍이는 그 순간의 빛으로
한밤의 어둠이 갈라지니
그 어둠 속을 헤매는 나의 길도
되밝혀 주어라

아무도 멈추게 할 수 없는 이 소나기 속에서
아무도 가로막을 수 없는 이 번개 속에서
어린 아기도 잠이 들고 나의 창으로
또 번개는 치는데

(1981. 8.)

당시 생활의 솔직한 묘사이다. 피곤에 지쳐 잠든 아내와 몸이 아픈 갓난 아기, 그 옆
에서 상념에 시달리는 작가의 모습이 눈에 선하다.

Slow
Em   Am   Em
한 여름밤 —의 서 늘한 —바 람은— —
여 름밤 —의 고 요한 —정 적은— —
B7   Em
— 참 좋 아 라— — 한 낮의 태 양 빛 —에
— 참 좋 아 라— — 그 작은 몸 이 아 —픈
Am   Em   B7
뜨 거 워 진 내 머릴— — — 식 혀 주 누나 —
나 의 갓 난 아 기 도— — (잠시) 쉬 게 하 누나 —
Em   B7
— 빳 빳 한 내 머 —리 카 락— 그 속 에 늘 어 져 쉬 는
— 그 의 곁 에 서 깊 이 잠 든— 피 곤 한 그 의 젊 은 —
G   Em
잡 념 들— 이 제 모 두— —깨 워— — 어 서— 깨 끗 이
어 미 도— 이 제 편 안 한 —휴 식 의 — 세 계 로 잠 — 시
B7   1.   2.
— —쫓 아 버 려 라 — — — 한 — 아
— —데 려 가 거 라 — — —
Em   Am   C   B7
무 도 문 을 — 닫 지 않 는 이 바 람 속 에 서 아

한 여름 밤

무 도 창을 — 닫 지 않 는 이 정 적 속 에 서 어 린

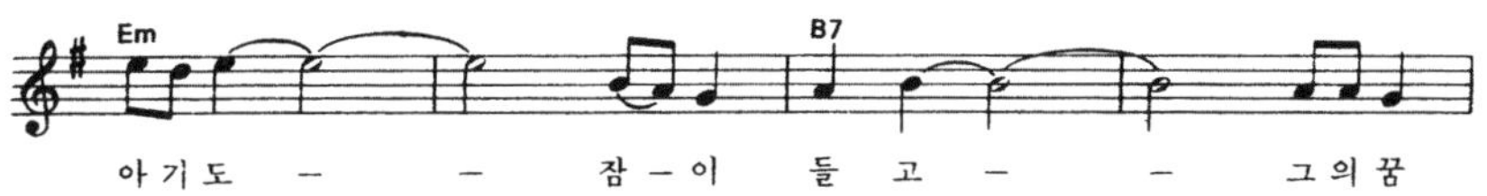

아 기 도 — — 잠 — 이 들 고 — — 그 의 꿈

속 으 로 — — 바 람 — 은 부 는 데 —

실향가(失鄕歌)

고향 하늘에 저 별, 저 별, 저많은 밤 별들
눈에 어리는 그 날, 그 날들이 거기에 빛나네
불어오는 겨울 바람도 상쾌해
어린 날들의 추억이 여기 다시
춤을 추네
춤을 추네

저 맑은 별 빛 아래 한 밤 깊도록 뛰놀던 골목길
그 때 동무들 이제 모두 어른되어 그 곳을 떠나고
빈 동리 하늘엔 찬 바람결의 북두칠성
나의 머리 위로 그 날의 향수를 쏟아 부어
눈물 젖네
눈물 젖네

나의 옛 집은 나도 모르는 젊은 내외의 새 주인 만나고
바깥 사랑채엔 늙으신 어머니, 어린 조카들, 가난한 형수님
아버님 젯상에 둘러 앉은 객지의 형제들
한 밤의 정적과 옛 집의 사랑이 새삼스레
몰려드네
몰려드네

이 벌판 마을에 긴 겨울이 가고 새 봄이 오며는
저 먼 들길 위로 잊고 있던 꿈 같은 아지랭이도 피어르리라
햇볕이 좋아 얼었던 대지에 새 풀이 돋으면
이 겨울 바람도, 바람의 설움도 잊혀질까
고향 집도
고향 집도

(1981. 12)

실향가

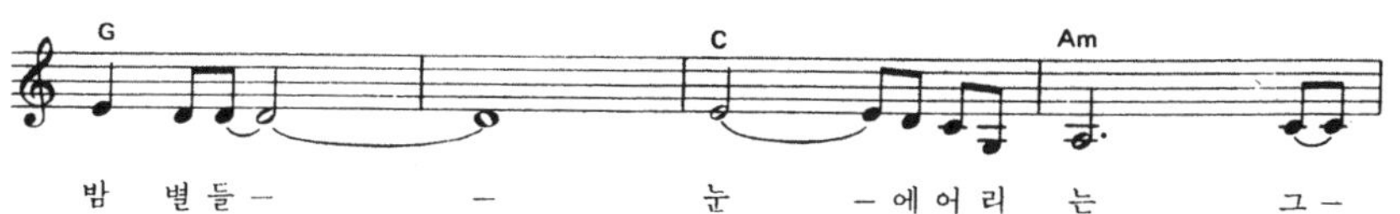

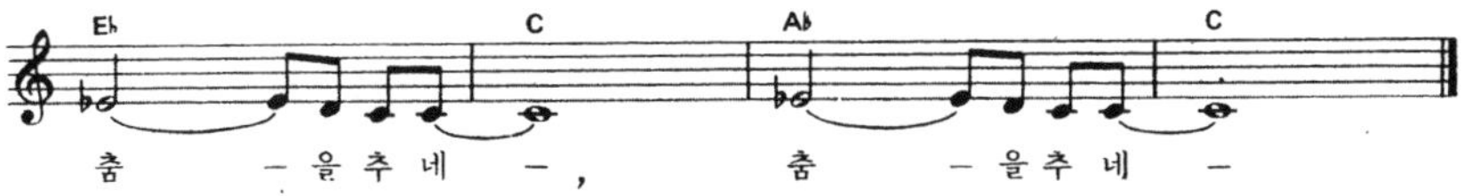

형님들의 사업 실패로 졸지에 고향의 땅과 집까지 팔고서, 갈 곳 없는 어머니는 그
집 사랑채에 세들어 살게 된다. 개인적인 이러한 체험이 그의 실향의 느낌을 더 절
실하게 해주고 있다.

165

우리네 고향

가세, 가세, 길 떠나 가세
어두운 밤 길로 꿈 처럼 가세
가세, 가세, 너두야 가세
바쁘게 오던 길 되돌아 가세

가세, 가세, 논 길로 가세
가문 들 흙 냄새 맡으며 가세
가세, 가세, 너두야 가세
갈짓자 걸음에 흥겨워 가세

가세, 가세, 고향엘 가세
빈 주먹 마른 종아리로 머슴돼 가세
가세, 가세, 너두야 가세
봄 들판 아지랭이 구경이나 가세

가세, 가세, 벌초나 가세
죽은 애비 무덤에 벌초나 가세
가세, 가세, 너두야 가세
봉아제 산 꼭대기 따라나 가세

가세, 가세, 갯벌로 가세
황토길 지나서 또 건너 가세
가세, 가세, 너두야 가세
우리네 고향은 여기나 저기

(1982. 2. 23.)

우리네 고향

돌아갈 고향조차 없어지자 그리움은 더욱 절절해진다. 어쩌면 그에게 있어서 고향은 '어둔 밤길로 꿈처럼' 가는 곳일 수밖에 없는지 모른다.

봄 밤

봄 밤에 부른 노래 님 그린 노래
그 노래 부르다 목이 메여서
고운 님 미운 님 잊어버릴까

봄 밤에 쓴 편지 못 부칠 편지
그 편지 쓰다가 가슴이 타서
고운 님 미운 님 잊어버릴까

봄 밤에 꾸는 꿈 아지랭이 꿈
그 꿈을 꾸다가 눈물이 나서
고운 님 미운 님 잊어버릴까

(1982. 3. 9.)

봄 밤

그의 노래는

시영 아파트 하수구에서 왕모기나 잡으며
하루 종일을 보내는 애들
서울 변두리 검은 하천엔 썩은 물만 흐르고
역한 냄새 속에서 웃지도 않고 노는 애들
자연이란 이들에게 무슨 의미가 있을까
맑은 시냇물과 쾌적한 바람이란

여름이면 그늘 밑으로 겨울이면 양지 쪽으로
숨이 차게 옮겨 다니는 저 노인들
모진 세파에 이리 깎이고 저리 구부러진 채
이제 마지막 일만 초조히 기다리는 이들
세월이란 이들에게 무슨 의미가 있을까
덧없는 과거와 희망찬 내일이란

미친 운명은 광란처럼 나의 숨통을 조이고
나는 허덕이다 꿈을 깨고
크고 작은 역경 속에서 저 자신을 학대하며
뚫고 나서면 또 거기 시련이
휴식이란 우리에게 무슨 의미가 있을까
마음의 평화와 육신의 안식이란

그의 노래는 별 빛도 없는 깊은 어둠 속에서 나와
화사한 그대 향락의 옷자락 끝에 묻어
발길마다 채이며 떨며 매달려
이제 여기까지 따라왔는데
그의 노래는 우리에게 무슨 의미가 있을까
가려진 실상과 전도된 가치속에서

(1982. 8. 4.)

그의 노래는

원래 이 작품을 만들 때 제목은 '나의 노래는'이었다. 세상과 삶과 자신에 대한 비관적이고 자학적인 태도가 여실히 드러나 있다. 심지어 자기자신의 노래조차 '화사한 그대의' 향락의 옷자락 끝에 묻어 발길마다 채이며, 떨며, 매달려 이제 여기까지 끌려온, 의미 없는 것으로 드러난다. '나의 노래는'을 1988년 발표될 때 '그의 노래는'으로 바꾼 것은, 1988년에 이르러 작가는 이러한 자신의 자학적 비관적 태도에 대해 반성적으로 생각하기 시작했다는 증거이다. 이 노래 역시 공윤심의에서 여러 군데가 걸려 음반에는 이 악보와는 다른 가사로 실려 있다. '시영 아파트'가 '후미진 아파트'로, '서울 변두리 검은 하천엔…'이 '서울 변두리 학교 앞에는 앳된 병아리를 팔고 비닐봉지에 사 담아 집으로 돌아가는 애들' 로 바뀌었다.

님은 어디 가고

보듬어 품에 안고 눈을 질끈 감으랴 내 님아
해도 지고 저문 날에 너는 가고 건너 산에 달이 뜨니
네 모습 저 달빛 아래 천지 사방 흩어지고
나는 달빛만 얼싸안고, 나는 달빛만 얼싸안고
시름 겨워, 시름겨워

꼭 잡으면 터질세라 슬쩍 잡아 놓칠세라 꿈이 깨고
마주보면 노할세라 비켜보면 삐낄세라 날이 갔네
어느 하루 울 너머로 네 댕기 머리 보았더니
너는 내게로 다가와서 옷고름 움켜쥐고
나는 간다, 나는 간다

보듬어 품에 안고 눈을 질끈 감으랴 내 님아
해도 지고 저문 날에 너는 없고 험한 세상 바람부니
바람조차 네 옷깃처럼 이리 저리 스쳐가고
나는 바람만 얼싸안고, 나는 바람만 얼싸안고
시름 겨워, 시름겨워

(1982. 12. 13.)

현재적 상실감이 과거의 정경과 결합되어 드러난 작품이다.

님은 어디 가고

보 —
듬 어 — 품 에 — 안 — 고 — 눈 을 질 끈 — 감 으 랴 — — 내 —
님 아 — — — — 해 도 지 고 — 저 문 —
날 — 에 — 너 는 가 고 — 건 너 산 에 — 달 이 뜨 — 니 —
— — — 네 — 모 습 — 저 달 빛 아 래 — 천 지
사 방 — 흩 어 — 지 — 고 — 나 는 달 빛 — 만 얼 싸
안 고 — 나 는 달 빛 — 만 얼 싸 안 고 — 시 름
겨 워 — — 시 름 — 겨 — 워 —

그 곳에, 그 곳 쯤에

겨울 아침 맑은 햇살이 내 등 뒤에
잠시 머물다 지나가 버리고
잃어 버렸던 시간들이 나를 깨워
불현듯 돌아다보는 창가에
바람이 밤새 두들기던 그 소린 어딜갔나
눈 덮인 저 건너 산 비탈, 햇살도 들지 않는
그 곳에, 그 곳 쯤에 바람 잔단다

겨울 아침 눈부신 햇살이 내 이마 위에
잠시 머물다 지나가 버리고
거칠은 두 손을 모아 쥐고
문득 둘러보는 방 안에
널려진 책들이 밤새 외치던 그 애긴 어딜 갔나
멈춰진 시계의 바늘 끝에, 풀어진 태엽 속에
그 곳에, 그 곳 쯤에 애긴 잔단다

아침은 햇살의 축복이요, 나는 늦은 하루를 또 맞네
흩어진 마음을 쓸어 모아 몇 줄의 또 새 노래를 부를까
하지만 지난 밤 쓰다 만 그 노랜 어딜 갔나
아침이 오기 전 떠나버린 새벽 찬 바람 속에
그 곳에, 그 곳 쯤에 노랜 잔단다

(1982. 12. 29.)

그 곳에, 그 곳 쯤에

겨울 아침 — 맑은햇 — 살기 내둥 — — — 뒤에 잠시 머물다지나 가

버 리고 — 잃어 버렸 — 던시간들이 나를 — 깨워 볼 헌듯 — 돌 ㄱ 아보는

창 가에 — 바 람이밤새 — 두 들 기던 그 소 린ㄱ 딜갔

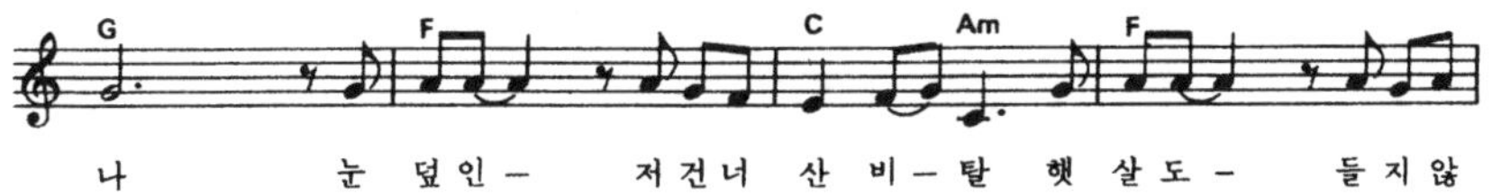

나 눈 덮인 — 저건너 산 비 — 탈 햇 살도 — 들지않

는 그 곳 에 그 곳쯤 에 바 람 잔단 다

Arpeggio

175

이어도(떠나가는 배)

저기 떠나가는 배
거친 바다 외로이
겨울 비에 젖은 돛에 가득 찬 바람을 안고서
언제 다시 오마는 허튼 맹세도 없이
봄 날 꿈같이 따사로운 저 평화의 땅을 찾아
가는 배여, 가는 배여 그 곳이 어드메뇨
강남 길로 해남 길로 바람에 돛을 맡겨
어둠 속으로 물결 너머로
저기 멀리 떠나가는 배

너를 두고 간다는 아픈 다짐도 없이
남기고 가져 갈 것 없는 저 무욕의 땅을 찾아
가는 배여, 가는 배여 언제 우리 다시 만날까
꾸밈 없이, 꾸밈 없이 홀로 떠나가는 배
바람 소리 파도 소리 어둠에 젖어서 밀려올 뿐

(1983. 6.)

작가로서는 그리 심혈을 기울여 만든 작품은 아니라고 하지만, '저 평화의 땅', '저
무욕의 땅' 등의 구절에서 당시 고민의 일면을 볼 수 있다. 가사 중에 나오는 '강남
길' '해남길'이란 제주에서 동지나해 혹은 남지나해로 향하는 뱃길을 말한다.

이어도(떠나가는 배)

Medium

Am   F G   C
저기 떠 나가 는 배   거친 바 다위 로 이   겨울

Dm   C   Dm   E
비 에젖 은 돛 에가 득 찬바람을안 고 서   언제

Am   F G   C
다 시오 마 는   허튼 맹 세도 없 이   봄날

Dm   C   E   E7
꿈 같이 따 사 로운 저 평화의땅을 찾 아   가는

Am   F   G   C E
배 여 가는 배 —여 그곳 이— 어드 메— 뇨   강남

Am   F   G   C E7
길 로해남길 —로 바람 에 돛을말 겨   물결

Am   Dm   E   Am
너 머로 어둠 속 으로 저기 멀리떠나가 —는— 배

우리는

지나가 버린 과거의 기억 속에서
우리는 무얼 얻나
노래 부르는 시인의 입을 통해서
우리는 무얼 얻나

모두 알고 있는 과오가 되풀이 되고
항상 방황하는 마음 가눌 길 없는데
사랑은 거리에서 떠돌고
운명은 약속하질 않는데

소리도 없이 스치는 바람 속에서
우리는 무얼 듣나
저녁 하늘에 번지는 노을 속에서
우리는 무얼 느끼나

오늘은 또 순간처럼 우리 곁을 떠나고
또 오는 그 하루를 잠시 멈추게 할 수도 없는데
시간은 영원속에서 돌고
우리 곁엔 영원한게 없는데

부슬부슬 내리는 밤비 속에서
우리는 무얼 듣나
빗소리에 무거운 어둠 속에서
우리는 무얼 느끼나

(1983. 6. 26.)

우리는

Bm   D   A   G
지 나 가버린 —   과거의 기억 속에서 — 우 리 는   무얼

Bm   Bm   D   A
얼—나 —   노 래 부르는 —   시인의 입 을 통해서 —   우리

G   Bm   D   A
는   무얼 얼—나 —   모—두 알 고있— 는—과 오가 — 되풀

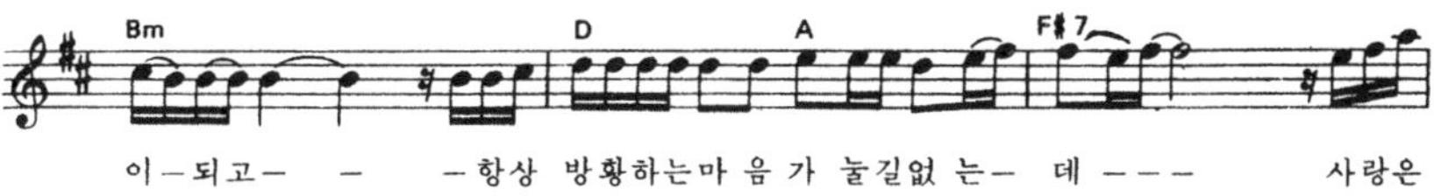
Bm   D   A   F#7
이—되고— —   —항상 방황하는마 음가 눌길없 는— 데 — — —   사랑은

Bm   A   F#7
거 리에— 서 떠—돌고—운명은 약 속하——지—않—는데 —   —   소리

Bm   D   A   G   Bm
도없이 — 스치는 바 람속에서 —   우리 는   무얼 듣—나 —   저녁

Bm   D   A   G   Bm
하늘에 —   번지는 노 을 속에서— 우리 는   무얼 느—끼—나 —

장서방네 노을

당신의 고단한 삶에 바람 조차 설운 날
먼 산에는 단풍 지고 바닷물도 차더이다
서편 가득 타오르는 노을 빛에 겨운
님의 가슴 내가 안고 육자배기나 할까요
비 바람에 거친 세월도 님의 품에 묻고
여러 십 년을 한결 같이 눌 바라고 기다리오
기다리다 맺힌 한은 무엇으로 풀으요
저문 언덕에 해도 지면 밤 벌레나 될까요

어찌하리, 어찌하리 버림 받은 그 긴 세월
동구 아래 저녁 마을엔 연기만 피어나는데
아, 모두 떠나가 버리고
해 지는 고향으로 돌아올 줄 모르네
솔밭 길로 야산 너머 갯바람은 불고
님의 얼굴 노을 빛에 취한 듯이 붉은데
굽은 허리 곧추세우고 뒷짐 지고 서면
바람에 부푼 황포 돛대 오늘 다시 보오리다

비나이다, 비나이다 되돌리기 비나이다
가슴 치고 통곡해도 속절 없는 그 세월을
아, 모두 떠나가 버리고
기다리는 님에게로 돌아올 줄 모르네
당신의 고단한 삶에 노을 빛이 들고
꼬부라진 동구 길엔 풀 벌레만 우는데
저녁 해에 긴 그림자도 님의 뜻만 같이
흔들리다 멀어지다 어둠 속에 깃드는데

(1983. 9. 16)

장서방은 장승을 의미한다.

장서방네 노을

8 Beat
당신 의 고단 한 삶 에— 바람—조 —차— 설운날 — 먼산
람에 거친세 월 도—님의—품 —에— 묻고— — 여러
길로 야산 너 머 —— 갯바—람——은— 불고— — 님의
에는— — 단풍 지고— — 바닷—물——도— 차더이다— 서편
십년을 — 한결 같이— — 눌바—라——고 기다리오— 기다
얼굴— — 노을 빛에— — 취한—듯——이 붉은—데— 굽은
가득 — 타오 르 는 —— 노올—빛— 에— 겨운— 님의
리다 — 맺힌 한은 —— 무엇—으— 로 풀으요 저문
허리 — 곧추 세 우 고 뒷짐— 지 고 서면— 바람
가슴— — 내가 안 고 —— 육 자 배—기나 할 까요— 비바
언덕에 — 해도 지 면 —— 밤 벌—레나—
될 까요— 어쩌하리— 어쩌하리—— —— 버림——받—은—
그 긴세월— 동구 아래— — 처녀 마 을 엔— 연 기만—피어
나 는데 — —. 아 — 모두떠나가 버 리고— — 해
지 는—고향으로 돌아올줄모—르네 — — 솔밭
에부푼 — 황포 돛 대 ——오 늘—다—시— 보오리다—
D.S.

북한강(北漢江)에서

저 어둔 밤 하늘에 가득 덮인 먹구름이
밤새 당신 머릴 짓누르고 간 아침
나는 여기 멀리 해가 뜨는 새벽 강에
홀로 나와 그 찬물에 얼굴을 씻고
서울이라는 아주 낯선 이름과
또 당신 이름과
그 텅 빈 거릴 생각하오
강가에는 안개가,
안개가 가득 피어나오

짙은 안개 속으로 새벽 강은 흐르고
나는 그 강물에 여윈 내 손을 담그고
산과 산들이 얘기하는,
나무와 새들이 얘기하는
그 신비한 소릴 들으려 했오
강물 속으론 또 강물이 흐르고
내 맘 속엔 또 내가 서로 부딪치며 흘러가고
강가에는 안개가,
안개가 또 가득 흘러가오

아주 우울한 나날들이 우리 곁에 오래 머물 때
우리 이젠 새벽 강을 보러 떠나요
과거로 되돌아 가듯 거슬러 올라 가면
거기 처음처럼 신선한 새벽이 있오
흘러가도 또 오는 시간과
언제나 새로운 그 강물에 발을 담그면
강가에는 안개가,
안개가 천천히 걷힐거요   (1983. 9. 16.)

북한강에서

Am
저 — 어둔 — — 밤 하 늘에 — — 가득 덮 인 먹 구

Dm   F   Am
름 이 — — 밤새 당 — 신 머릴 — 짓 누 르 고 — 간 아 침 —

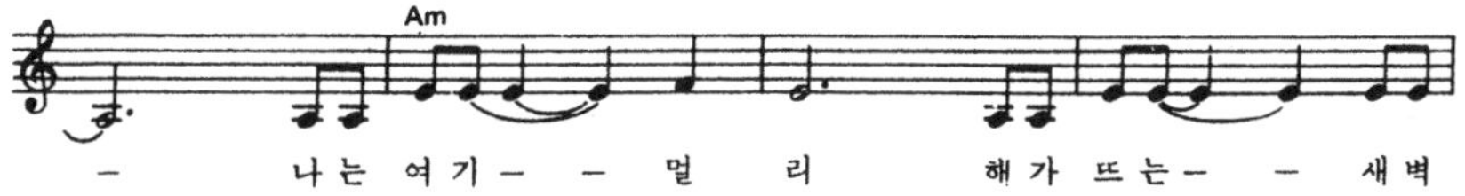

Am
— 나 는 여 기 — — 멀 리   해 가 뜨 는 — — 새 벽

Dm   F   Am
강 에 — — 홀 로 나 와 — — 그 찬 물 에 — 얼 굴 을 씻 고 —

C   G   E
— 서 울 이 라 는 — 아 주 낯 선 — 이 름 — 과 —

E7   Am
— 또 당 신 — 이 름 과 그 — 텅 빈 거 릴 —

고향에 관한 노래도, 고민에 침잠하는 노래도 아니지만, 이 시기 그의 인식의 일면이 가장 잘 그려진 작품 중에 하나이다. 북한강 상류, 새벽 안개가 자욱한 강가에 앉아 차가운 강물에 손을 담그고 있으면, 그릇된 욕망과 집착의 세계인 서울은 '아주 낯선 이름으로 들리듯 아주 먼 곳으로 느껴지고' 새벽 안개 자욱한 강은 '서울'의 때가 묻지 않은 마치 태초를 향해 '과거로 되돌아'온 것 같은 '처음처럼 신선한 새벽'으로 느껴진다. 고민의 해결 방향을 과거, 달관, 무욕, 초연함으로 생각하고 있었던 당시 작가의 생각이 그 자체로 잘 정돈되어 드러나 있다.

한밤중의 한 시간

한 밤중의 한 시간 깨어 일어나
어둠 속에 잠 들은 이 세상을 보라
폭풍우 지난 해변처럼 밀려오는 정적만이
피곤한 이 도회지를 감싸안고 재우는구나
높고 낮은 빌딩 사이, 그 아래 골목마다
어깨끼리 부딪치며 분주히 오가던 그 많은 사람들
눈을 감으면 되살아나는 그네들의 외침 소리
이제 모두 떠나가고 어둠만이 서성대는데

아, 이 밤과 새벽 사이, 지나가는 시간 사이
파란 가로등만 외로이 졸고
차가운 그 불빛 아래 스쳐가는 밤 바람만이
한낮의 호사를 얘기하는데
새벽 거리에 딩구는 저 많은 쓰레기처럼
이 한밤의 얘기들도 새 아침엔 치워지리라

아, 이 밤과 새벽 사이, 스쳐가는 밤 바람 사이
흐르는 시간은 멈추지 않고
졸고 있는 가로등 그늘에 비켜 앉은 어둠만이
한낮의 허위를 얘기하는데
저 먼 변두리 하늘 위로 새벽 별이 빛나고
흔들리는 그 별빛 사이로
새 아침은 또 깨고 있구나

(1983. 9. 19)

한밤중의 한 시간

Three Finger
한 — 밤 중의 —한— 시 간— 깨 — 어 — — 일 어 나 어둠
우 지 난 —해변 처 럼— 밀 려 오는— 정 적 만이 피곤
거 리에 —딩 — 구는— 저 — 많은— 쓰 레 기처럼 이 한
수에 — 잠 — 들은— 이 — 세 상 — — 을 — 보 라 폭 풍
한이 — 도 회 지 를 — 감 싸 안고 — — 재 — 우
밤의 — 애 기 들도 — 새 아 침 엔 — — 치 — 워
느구나 높 고 낮 은 — 빌 딩 사 이 — — 그 — 아 래 — 골 목
마 다 — — 어 깨 끼 리 — 부 딪 치 며 — — 분주히 오 가 던 — 그 많은
사 람 들 — 눈을 감 으 면 — 되 살아 나 는 — — 그 네 들 의 — 외 침
소 리 — — 이 제 모 두 — — 떠 나 가 고 — — 어 둠 만이 — 서 성
대 는 데 — 아 이 밤 과 새 벽 — 사 이 — — 지 나 가 는 — 시 간

사이 - - - 파 란 가 로 등 만 - 외 로 이 - 졸 고 - 차 가
운 그 불 빛 아 래 - - 스 쳐 가 는 - 밤 바 람 만 이 - - 한 낮 의
호 - 사 - 를 얘 기 하 - 는 데 - 새 벽
지 리 라

서울의 달

저무는 이 거리에 바람이 불고
돌아가는 발길마다 무거운데
화사한 가로등 불빛 너머
뿌연 하늘에 초라한 작은 달
오늘 밤도 그 누구의 밤길 지키려
어둔 골목, 골목까지 따라와
취한 발길 무겁게 막아서는
아, 차가운 서울의 달

한낮의 그림자도 사라지고
마주치는 눈길마다 피곤한데
고향 잃은 사람들의 어깨 위로
또한 무거운 짐이 되어 얹힌 달
오늘 밤도 어느 산길, 어느 들판에
그 처연한 빛을 모두 뿌리고
밤 새워 이 거리 서성대는
아, 고단한 서울의 달

(1983. 9. 23.)

서울의 달

저 무 는 이 거 리 에 바 람 이 불 고 돌 아
가 는 — 발 길 마 다 무 거 운 데 화 사
한 — — — 가 로 등 불 빛 너 머 뿌 연
하 늘 에 — — 초 라 한 작 은 달 — 오 늘
밤 도 그 누 구 의 밤 길 지 키 려 어 둔
골 목 — — 골 목 까 지 따 라 와 — 취 한
발 길 — 뜨 겁 게 막 아 서 는 아 —
아 , 차 가 운 서 울 의 달 —

네 눈빛 속으로 무지개가

비 개인 하늘에 무지개 걸리고
그 너머로 너의 어린 꿈이 보이매
네 눈빛은 멀리 너의 고향 하늘을
그 하늘을 향해 맑게 빛나고

네가 혼자 그렇게 무지개를 좇아
개인 하늘 끝까지 달려가니
오, 햇살, 비에 젖은 대지 위
꿈틀거리며, 뒤치며, 돌아눕는 내 땅 위

지평선 멀리 꿈 같은 무지개
그 속으로 너의 모습이 사라지고
네가 간 그 길에 풀 이슬이 빛나매
이제 뜨거운 햇살에 모두 잊혀지리니

저 멀리 하늘에 다시 흙바람이 불어
그 속으로 고운 무지개 사라지고
우리의 노래가 바람에 묻히듯
모두 침묵에 쌓여 너를 잊고 있을때

너는 또한 그렇게 우리에게로 다시
빈 몸에 젖은 얼굴로 돌아오고
네가 달려간 높은 봉우리, 거기 잠들지 않는 바람
소리 지르며, 속삭이며, 감싸안는 내 땅 위

흙바람 속에서 우리는 만나고
네가 우리 곁을 스쳐 지나갈 때
네 눈빛 속으로 무지개가 보이고
그 너머로 또 먼 하늘이 보이니   (1983. 10. 4.)

네 눈빛 속으로 무지개가

Stroke
Am Dm E7 Am F E7
Am Dm E7 Am F E7
아 — 아   아 — 아
A G D A G F#m E7
비개인하늘에— —무지개걸리고—그너 머로— 너의어린——꿈이 보이매— —
지평선멀리—— —꿈같은무지개—그속 으로— 너의모습이—사라 지고— —
A G D A G F#m
네 눈빛은멀 리——너의 고—향하 늘을—— —그하 늘을——— 향해—— 맑게
네 가간—그 길에——— 풀—이 슬 이빛나매 — 이제 뜨거운 — 햇 살에모두 잊혀
E7 G F#m E7
빛 나고—— 네 가 혼 자그 렇게 무지개를 좇—아 — — 개 인
오 햇 살 비에
G D
G F#m E7
하 늘끝 까지—달 려 가니— — 오 —
Bm E G D E
젖은— 대 지위 —꿈틀 거 리며—뒤치며—돌 아 눕 는내땅위——
D. S.
E Am Dm E7 Am F E7
지 리니— — — 아 — 아   아 — 아

인사동(仁寺洞)

장승 하나 뻗쳐 놓고
앗따 번쩍 유리 속으로 골동품
버려진 저 왕릉 두루 파헤쳐
이놈 저놈 손 벌린 돈딱지
쇠죽통에 꽃 담아 놓고
상석 끄렁다 곁에 박아 놓고
허물어진 종가(宗家) 세간살이
때 빼고 광 내어 인사동
있는 사람, 꾸민 사람 납신다.
불경기에 파장 떨이 다 넘어가도
고간한 신세 귀한데 가니
침 발라 기름 발라 인사동

놋요강에 개밥 그릇까지
가마 솥에 누룽지까지
두메 산골 초가 마루 밑까지
뒤져 뒤져 쓸어다 돈 딱지
열녀문에 효자비까지
충의지사 공덕비 향내음까지
고려 신라 백제 주춧돌까지
호시탐탐 침 흘리는 인사동
양코쟁이, 게다 신사 납신다
문 열어라 일렬종대 새치기 마라
푸대접 신세 물 건너 가니
침 발라 기름 발라 인사동

(1983. 10. 20)

전통의 박제화에 대한 그의 혐오가 가장 잘 드러나는 작품이다. 쇠죽통에 개밥그릇
처럼 하찮은 것으로 취급받던 옛 것들이 인사동에만 가면 쇠죽통에다 꽃 꽂는 장식
품이 되어 '때 빼고 광 내어' 돈딱지가 붙는 우스운 세상을 풍자적으로 형상화하고
있다. 공윤심의에서는 물론 통과가 되지 않았는데, 그 이유는 특정 지역을 왜곡, 비
하한다는 이유에서였다.

녹수청산(男寺黨)

녹수청산(錄水靑山) 개인 날에 어딜 가잔 나비더냐
이리로 훨, 저리로 훨, 봄 바람에 너풀대니
에헤요, 매운 세상 어드메서 꽃은 피나

양지녘이 따가우면 그늘 아래 놀고
얼굴빛이 희거드면 탈바가지 쓰고
북장단에 신 오르면 깨끼춤이나 추고
다리 걸려 넘어지면 우리 형님 힘 내소
가는 세월 잡고 보니 무너진 돌담이요
오는 세월 잡아 봐도 냄새 나는 남의 제사
시골 장터 한 구석에 풍장 벌려 놓고
오는 사람 가는 사람 살풀이나 할거나

일락서산(日落西山) 저문 날에 어딜 가잔 나비더냐
이리로 훨, 저리로 훨 노을 속에 넘나드니
에헤요, 식은 세상 어드메서 꽃은 피나

공산명월(空山明月) 깊은 밤에 어딜 가잔 나비더냐
이리로 훨, 저리로 훨 그림자로 너풀대니
에헤요, 텅 빈 세상 어드메서 꽃은 피나

양지녘이 따가우면 그늘 아래 놀고
얼굴 빛이 희거드면 탈바가지 쓰고
북 장단에 신 오르면 깨끼춤이나 추고
다리 걸려 넘어지면 울아버지 힘내소

천리길도 머다 않고 너를 보러 왔건마는
인적 없는 바람결에 너울너울 춤만 추고
소매 자락 풀어지고 나막 짚신 다 해지면
고개 너머 세월 너머로 나를 다려 갈거나
새벽 달이 남거들랑 단둘이나 갈거나   (1984. 4. 21)

녹수청산

느리게
녹 － 수 청 산 － 개 － 인 날 에
일 － 락 서 산 － 저 － 문 날 에
어 － 딜 가 잔 － 나 － 비 더 냐
어 － 딜 가 잔 － 나 － 비 더 냐
이 리 로 － 횔 － 저 － 리 로 횔
이 리 로 － 횔 － 저 － 리 로 횔
봄 － 바 람 에 － 너 － 풀 대 니
노 － 을 속 에 － 넘 － 나 드 니
에 － 헤 － － － 요 － 매 － 운 세 상
에 － 헤 － － － 요 － 텅 － 빈 세 상
어 － 드 메 서 꽃 － － 은 － － － 피 나
어 － 드 메 서 꽃 － － 은 － － － 피 나

양 지녁이따 가우면 그 늘아래—놀 고— — 얼 굴빛이회거—드 면
가 는세월잡 고보 니 무 너진—돌담 이요— 오 는세 월잡아—봐 도

탈 바가지—쓰 고— — 북 장단—에신 오르면— 깨 끼춤이나추고 — —
냄 새나는—남 의제 사 시 골장—터한 구석에— 풍 장벌—려놓고 — —

다 리걸 려넘 어지면 우 리형 님힘 내소   살 풀이나—할 거 나   —
오 는사 람가 는사람

거기 저 그리운 날들이 있으니

바람 불면 바람 부는 대로
그저 떠돌다 가는 구름이면
되돌아 가는 그 바람결에
문득 실려 나 또한 돌아가리라

다시 한 번 어린 아이로 태어나
저 파란 하늘에 종이 연을 날리고
바퀴 달린 신을 신고
지나간 시간들을 다시 달려 오리라

비 개인 들 풀잎 사이 스치는 바람도 만나고
대지에 뿌리는 햇살, 살아 숨 쉬는
그 모든 것들로 만나리라

바람 불면 바람 부는 대로
그저 떠돌다 가는 구름이면
언제라도 떠나가도 좋겠네
거기 저 그리운 날들이 있으니

다시 한 번 어린 아이로 태어나
저 파란 하늘에 종이 연을 날리고
바퀴 달린 신을 신고
지나간 시간들을 다시 달려 오리라

돌아오는 길목에서 저 많은 사람들 사이
나 그대 다시 만나고
그 좋은 시절도 다시 만나리라

모든 시련은 바람결에 지우고
우리 함께 떠난대도 좋겠네
바람은 지금도 불어오고
거기 저 그리운 날들이 있으니

(1984. 5. 13.)

그의 과거지향성이 극명하게 드러나는 작품 중의 하나이다. '지나간 시간'을 거꾸로 달려가 '거기 저 그리운 날'로 돌아가서, '살아 숨 쉬는 그 모든 것들'을 만나고자 하는 것이다.

거기 저 그리운 날들이 있으니

Medium

바람—불면바람부는— 대로—— 그저 떠돌다 —가는구름——이면 —

되돌아—가는—그바람— 결에— 문득 실려나—또한돌아가—리 라 다 시

한번어린—아이로—태어 나 저— 파란하늘에종이—연—을 날리고— 바퀴

달—린— 신을 신—고— 지나 간—시간들—을다시 달—려 오—리라— 비개

인들—— 풀 잎 사이— — 스 치 는바람—도 만 나고—대

지에— 뿌 리 는 햇살— 살아 숨 쉬는그—모든것-들도만—나 리라— —

바람—불면바람부는— 대로—— 그저 떠돌다 —가 는구름—이— 면

언 제라—도 떠 나가도— 좋—겠네— 거 기 저그리—운날들이있—으 니

고향집 가세

내 고향 집 뒷뜰의 해바라기 울타리에 기대어 자고
담 너머 논둑길로 황소마차 덜컹거리며 지나가고
음, 무너진 장독대 틈 사이로
음, 난장이 채송화 피우려
음, 푸석한 스레트 지붕 위로 햇살이 비쳐 오겠지
에헤야, 아침이 올게야
에헤야, 내 고향 집 가세

내 고향 집 담 그늘의 호랭이 꽃
기세 등등하게 피어나고
따가운 햇살에 개흙 마당 먼지만 폴 폴 나고
음, 툇마루 아래 개도 잠이 들고,
음, 뚝딱거리는 괘종 시계만
음, 천천히 천천히 돌아갈게야, 텅 빈 집도 아득하게
에헤야, 가물어도 좋아라
에헤야, 내 고향 집 가세

내 고향 집 장독대의 큰 항아리
거기 술에 담던 들국화
흙담에 매달린 햇마늘 몇 접 어느 자식을 주랴고
음, 실한 놈들은 다 싸 보내고
음, 무지랭이만 겨우 남아도
음, 쓰러지는 울타리 대롱 대롱 매달린
저 수세미나 잘 익으면
에헤야, 어머니 계신 곳
에헤야, 내 고향 집 가세

마루 끝 판장문 앞의 무궁화
지는 햇살에 더욱 소담하고

원추리 꽃밭의 실잠자리
저녁 바람에 날개 하늘거리고
음, 텃밭의 꼬부라진 오이 가지
음, 밭고랑 일어서는 어머니
지금 퀴퀴한 헛간에 호미 던지고
어머니는 손을 씻으실게야
에헤야, 수제비도 좋아라
에헤야, 내 고향 집 가세

내 고향집 마당에 쑥 불 피우고
맷방석에 이웃들이 앉아
도시로 떠난 사람들 얘기하며
하늘의 별들을 볼게야
음, 처자들 새하얀 손톱마다
음, 새빨간 봉숭아 물을 들이고
음, 새마을 모자로 모기 쫓으며
꼬박 꼬박 졸기도 할게야
에헤야, 그 별빛도 그리워
에헤야, 내 고향 집 가세

문둥이도 아직 있을런지
어릴 적 학교 길 보리밭엔
문둥이도 아직 있을런지
큰 길 가 언덕 위 공동 묘지엔
상여집도 그냥 있을런지
음, 미군 부대 철조망 그 안으로
음, 융단 같은 골프장 잔디와
이 너머 산비탈 잡초들도
지금 가면 다시 볼 게야
에헤야, 내 아버지는 그 땅 아래
에헤야, 내 고향 집 가세

(1984. 6. 30)

고향집 가세

내 고 향 집 뒷 뜰 의 해 바 라 기 울
담 너 머 둑 길 로 황 소 마 차 덜
1.
2.
타 리 에 기 대 어 — 자 고 — — — 음 —
컹 거 리 며 — 지 나 가 고 — — — 음 —

무 너 진 장 독 대 틈 사 이 로 음 —

난 장 이 채 송 화 피 우 려 — 음 —

푸 석 한 스 레 트 지 붕 위 로 햇

살 이 밝 아 오 — 겠 지 — — —

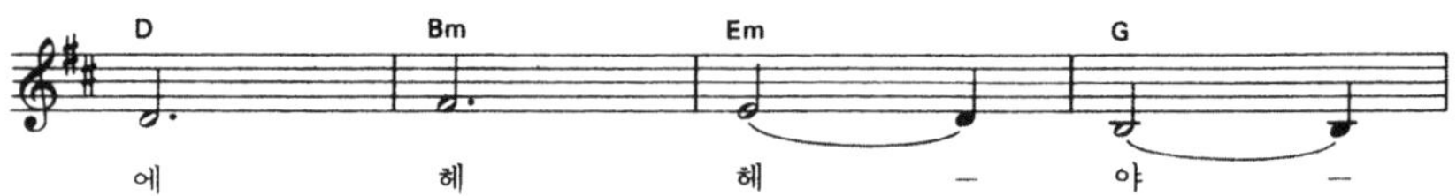
에 헤 헤 — 야 —

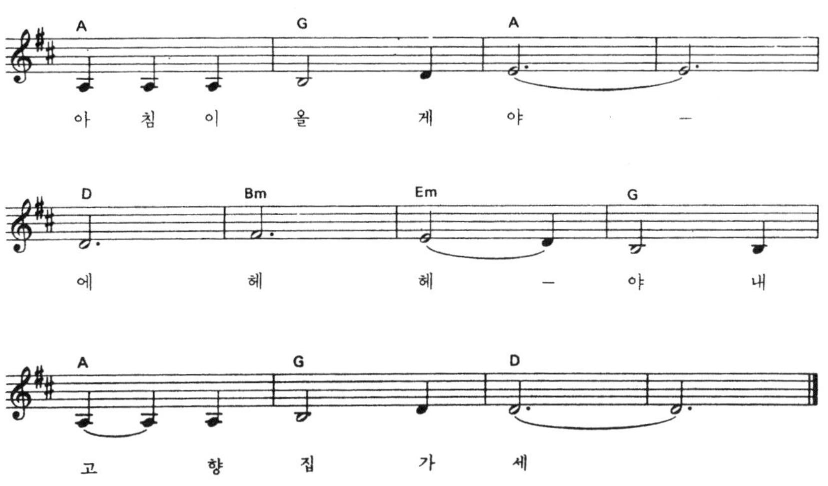

현재적 시점에서 고향에 대한 생각이 가장 객관적으로 정리된 노래이다. 고향집의
정경들, 담장 밑의 꽃들, 괘종시계, 장독대 항아리, 흙담에 매달린 마늘 등 사람살이
가 담겨 있는 여러 사물과 풍경이 생생하게 묘사되어 있다.
6절의 '미군부대 철조망 그 안으로 융단 같은 골프장…'은 원래 지을 때에는 '미군부
대 철조망 그 안으로 꿈처럼 내려앉은 낙하산, 파란 하늘가에 떠 있는 뭉게구름도'
였다. 어릴 적 저 멀리 미군부대 쪽에서 보이는 낙하산과 푸른 하늘의 뭉게구름의
어울림은 마치 꿈과도 같이 아름다운 것으로 받아들여졌는데, 이 노래를 지을 당시
만 해도 작가는 이러한 생각을 무비판적으로 옮겨놓았고, 후에 1988년 음반을 만
들면서 가사를 고쳤다. 그나마 이 6절은 미군부대 등의 가사 때문에 심의에 걸려서,
음반에서 빠져 있다.

들 가운데서

바람아 너는 어딨니, 내 연을 날려줘
저 들가에, 저 들가에 눈 내리기 전에
그 외딴 집 굴뚝 위로 흰 연기 오르니
바람아 내 연을 날려줘
그 아이네 집 하늘로

바람아 너는 어딨니, 내 연을 날려줘
저 먼 산에, 저 먼 산에 달 떠으르기 전에
아이는 자전거 타고 산 쪽으로 가는데
바람아 내 연을 날려줘
저 어스름 동산으로

바람아 너는 어딨니, 내 연을 날려줘
저 하늘 끝, 저 하늘 끝 가보고 싶은 땅
얼레는 끝없이 돌고, 또 돌아도 그 자리
바람아 내 연을 날려줘
들판 건너 산을 넘어

(1984. 10. 14)

들 가운데서

바 람 아 너 는 어 딨 니 — 내 연 을 날 려 줘 — 저 —
들 가 에 저 — 들 가 에 눈 내 리 기 전 에 — 그
외 딴 집 — 굴 뚝 위 로 — 흰 — 연 기 오 르 니 — 바

람 아 내 연 을 날 려 줘 그 아 이 네 집 하 늘 로 —

배 들온대여

배 들온대여, 새우젓 배 들온대여
찬 새벽 달빛에 웅크린 갯벌
잔 파도 밀며 배 들온대여

배 들온대여, 새우젓 배 들온대여
황포돛대는 감아 올리고
밀물에 실려 배 들온대여

꿈인가 내가 그곳에 다시 가나
아, 뱃터는 사라지고
갯벌 갈대처럼 부대끼던 얼굴들
이십 년 세월에 그 한 모두 풀었다는가

(뜨신 국물에 쓴 소주 한 잔으로
가슴이 더울줄 그 땐 몰랐지)

배 들온대여, 새우젓 배 들온대여
찬 새벽 달빛에 웅크린 갯벌
잔 파도 밀며 배 들온대여

꿈인가 내가 그곳에 다시 가나
아, 갯벌도 사라지고
어두운 하늘에 습기 찬 바람만
떠나온 고향을 홀로 남아 지켰다는가

(아, 이제 돌아갈 고향도 잃고,
닻을 내릴 곳도 없는데)

배 들온대여, 새우젓 배 들온대여
텅 빈 내 가슴에 새벽 밀물처럼
가득히 밀려와 닻을 내린대여   (1984. 11.)

배 들온대여

Slow   Am   F   C
배 — 들온대 여 — 새우젓 배 — 들온대 여 — 찬새벽
배 — 들온대 여 — 새우젓 배 — 들온대 여 — 황포돛

Dm   Am   1. E
달빛에 — 웅크린 갯 — 벌 — 잔파도 밀 — 며 배들온대 여
대 — 는 — 감아올 리 — 고 — 밀물에

2. E   Am   Am   G   Am
실 — 려 배들온대 여   꿈인가내 가그곳 에 다시 가나

Am   Dm   Am   Dm   F   E
아 — 뱃터는 사 라지고   갯벌갈대 처럼   부대끼던얼굴들

Dm   F   E
이십년세월에 그한   모두풀었   다 는 가 —

Am   C   E   E7   Am
아   아   밀 — 며 배들온대 여
D.C.

애고, 도솔천아

간다 간다 나는 간다
선말 고개 넘어 간다
자갈길에 비틀대며 간다

도두리(棹頭里) 벌 뿌리치고
먼데 찾아 나는 간다
정든 고향 다시 또 보랴

기차나 탈거나, 걸어나 갈거나
누가 이깟 행차에 흥 난다고
봇짐 든든히 쌌졌는가
시름 짐만 한 보따리

간다 간다 나는 간다
길을 막는 새벽 안개
동구 아래 두고 떠나간다

선말산의 소나무들
나팔소리에 깨기 전에
아리랑 고개만 넘어가자

간다 간다 나는 간다
도랑물에 풀잎처럼
인생행로 홀로 떠돌아간다

졸린 눈은 부벼 뜨고
지친 걸음 재촉하니
도솔천은 그 어드메냐

기차나 탈거나, 걸어나 갈거나
누가 등 떠미는 언덕 너머 소매 끄는 비탈 아래
시름짐만 한보따리

간다 간다 나는 간다
풍우설운 등에 지고
산천 대로 소로 저자길로

만난 사람 헤어지고
헤진 사람 또 만나고
애고, 도솔천아

기차나 탈거나 걸어나 갈거나
누가 노을 비끼는 강변에서 잠든 몸을 깨우나니
시름짐은 어딜 가고

간다 간다 나는 간다
빈 허리에 뒷짐 지고
나 나

선말 고개 넘어서며
오월 산의 뻐꾸기야
애고, 도솔천아

도두리 벌 바라보며
보리원의 들바람아
애고, 도솔천아
애고, 도솔천아

애고, 도솔천아

Go Go (♩=72)

간 다간--다 나는간--다

선--말 고개 넘어 간--다-- 자갈 길에 비틀대--며 간다 도두리-- 벌 뿌리치--고--
도--랑 물에 풀 잎 처럼 인생 행로 홀로 떠 돌아 간다. 졸린눈--을 부벼뜨--고--

먼--데 찾아 나는 간--다 정 든고향-- 다시 또보--랴 기차나-- 탈 꺼--
지--친 걸음 재촉 하--니-- 도 솔천은-- 그 어드-- 메나-- 기차나-- 탈 꺼--
탈 꺼--

나 걸어나-- 갈꺼--나 누가 이깟행--차에 흥난 다고 봇--짐든--든히 쌋 것는--가시름
나 걸어나-- 갈꺼--나 누가 등떠미--는 언덕 너머 소매--끄--는 비 탈아--래시름
나 걸어나-- 갈꺼--나 누가 노을비--끼는 강변 에서 잠 든몸--을-- 깨 우나--니시름

짐--만-- 한 보 따리-- 간다간--다 나는 간-- 다 길--을 막는 새벽 안--개--
짐--만-- 또한--보 따리-- 간다간--다 나는 간-- 다 풍--무 설움 등에 지--고--
짐--은 어 딜-- 가고-- 간다간--다 나는 간-- 다 빈--허 리에 뒷짐 지--고--

동 구 아래 두고 떠나-- 간다--- 선 말 산에 소나 무--들--
산 천 대로 소로 저자-- 길로--- 만 난 사람 헤어 지--고--
나 나 나-- 나 나나-- 나나 선 말 고개 넘어 서--며

나 팔소리에 깨기전--에 아--리랑고 개--만 넘어 가자--
헤--진사람 또만나--고 애--고 도솔
오--월산에 뻐꾸기--야 애--고 도솔

1.Em

2.Em
천아 ---

D.S.
기차나

210

1984년 노래를 지을 때에는 '그때 그때' 라는 제목으로 재수를 때려치우고 가출해서 여기저기 떠돌던 시절의 이야기로 가사가 이루어져 있었는데, 후에 제목과 가사의 상당부분을 바꾸었다. 가사 중에 나오는 도두리벌과 보리원은 고향 마을의 벌판 이름이다.

211

송아지 송아지
누렁 송아지

제5부 (1985~1988년)

앞에서와 같은 그의 고민이 나름대로의 실마리를 찾기 시작하는 시기로서, 그의 작품과 활동이 크게 바뀌기 시작한 시기이다. 그는 여태까지의 고민을 사회에 대한 생각의 성숙을 통해 해결하기 시작하였다. 막연한 실향의 아픔은 이제 농촌을 피폐화하는 현실에 대한 자각으로 바뀌고, 슬픔과 비관에 젖은 정서는 '성큼성큼' 삼천리로 발걸음을 내딛는 함차고 낙관적인 정서로 바뀐다. 아직 그의 눈은 과거로 향해 있는 감이 짙지만, 이전과 같은 아련한 향수를 극복하고 이제 과거 속에서 민족적 자존심과 주체성을 건져올리기에 이르렀으며, 그에 따라 민요와 국악에 대한 관심이 더욱 강하고 진취적으로 된다. 아직 구체적 사회현상에 대한 이해와 추상적 수준의 낙관성과 진취정은 확실히 연결되어 있지는 못하며, 양자는 유리되어 있어 서로가 허약한 것도 사실이다. 그러나 음반 '무진 새 노래'와 노래극 '송아지 송아지 누렁송아지'로 대표되는 이 시기를 경험하면서 사회에 대한 그의 인식과 그에 대한 대중의 인식이 가장 큰 폭으로 변화하는 계기를 갖게 되며 이러한 과도기를 겪으면서 곧 그는 보다 올바른 사회의식을 획득하게 된다.

송아지 송아지 누렁 송아지

진행순서

테이프
"송아지 송아지 얼룩 송아지"
"뭔소리여"

비나리

실향가(失鄕歌)
이 사람은
고향집 가세

걸군이 첫째마당

인사동(仁寺洞)
버섯구름의 노래
그의 노래는
권주가

걸군이 둘째마당

얘기2
다시가는 노래
어허, 배달(倍達)나라 광영(光榮)이여
아가야, 가자

테이프
"송아지 송아지 누렁 송아지"

－암전－
테이프
"송아지 송아지 얼룩 송아지
엄마 소도 얼룩소 엄마 닮았네

송아지 송아지 얼룩 송아지
두 귀가 얼룩귀 귀도 닮았네."

"뭔 소리여,
얼룩 소는 뭔 놈의 얼룩 소!
이 나라 소는 누렁 소제 얼룩 소가 아니여
새 시대 맞았다는 조선의 아이 놈들이
그저 얼룩 소만 찾아대니……이 웬일이다냐
이 일을 그냥 뒀다가는
그 놈의 얼룩 소가 머잖아 우릴 잡아먹을 것이다.
노래 바로 혀, 생각 바로혀라……"
－사물 객석 출입구에서 무대로 올라온다－

비나리

천개시에 나반이요 아만이라 환국 서니 환인님이요
배달국 신시 환웅, 치우 지나 18세 거불단
웅녀의 배를 빌어 단군이 나는구나
천개 이후 반 만 년에 단군 조선이 서는구나

불함산 아사달에 왕검성을 마련할제
홍익의 인간이요 제세이화의 군이로구나
드넓은 강토백성을 순후지치로 다스려내고
억세인 오랑캐는 위와 덕으로 거느리니
치자의 대본이요 환족의 슬기로세
이후론 그 혈손이 번창히 뻗어나가
자주 평화 인류 공영 각 집의 살림살이 넉넉히 유지하라
복 빌어 다짐 놓으니 뜻이나 알고 가자

뜻이야 감춰가지고 역사는 가는구나

각 대의 선왕들이 땅을 줄이고 나랄 세우니
따르는 착한 백성 반도 땅으로 곤두박혀
급기야 시러베놈들 나라마저 팔아먹으니 백성들 죽을 고생
기상은 어딜가고 슬기마저 숨는고나
최후엔 제몸 잘라 남북으로 찢어져서
피싸움으로 적이되니 애통타 설운지고
통일이 지상과업 통일이 살 길이라

비나리를 하잔 뜻은 살풀이가 본래 뜻
천지사방의 잡귀 귀신은 과학신으로 몰아내
과학신에 붙는 살은 민족주의로 몰아내
민족주의에 붙는 살 평화주의로 몰아내
이 구석에는 퇴폐살 저 구녕에는 향락살
이 마당에는 사대살 저 바닥에는 종속살
이 논배미엔 사채살 저 밭떼기엔 투기살
쌀이라며는 통일쌀 목숨부지에 근본이라

좌경용공 몽둥이로 민주운동에 탄압살
5공잔재 건재살에 등살 밑에서 고생살이요
보통사람 기만살
없는 놈들 한숨 살에 가진 놈들 과시살
민족주의에 모함살이요 식민주의 발광살
하천마다 공해살이요 에이즈에 마약살
위기일발 핵살이요
유괴 살상 인신매매 딸둔 부모 공포살
일체 액살을 휘몰아다 금일 정성 대를 바쳐
쇠장단에 날려버리니
예 오신 여러분네
만사가 대길이요 백사가 여일하고
맘껏 뜻껏 잡순대로 소원성취 발원이라

천개시에 큰 기상에 큰 뜻이요 두루뭉수리 통일역사
다릴 펴 도서 일본 기지개로 압록 건너 만주 벌
허리띠 풀어버리고 큰 숨 한 번 쉬자하고
고난질곡의 산줄기가 꿈틀거리며 깨는구나

소원성취, 무병장수, 민주쟁취, 주체문화,
남북통일, 평화세상 발원이오 (인사)

실향가

고향 하늘에 저 별, 저 별, 저 많은 밤 별들
눈에 어리는 그 날, 그 날들이 거기에 빛나네
불어오는 겨울 바람도 상쾌해
어린 날들의 추억이 여기 다시
춤을 추네, 춤을 추네

저 맑은 별빛 아래 한 밤 깊도록 뛰놀던 골목길
그때 동무들 이제 모두 어른 되어 그 곳을 떠나고
빈 동리 하늘엔 찬 바람결의 북두칠성
나의 머리 위로 그날의 향수를 쏟아부어
눈물 젖네, 눈물 젖네

나의 옛집은
나도 모르는 젊은 내외의 새 주인 만나고
바깥 사랑채엔
늙으신 어머니, 어린 조카들, 가난한 형수님
아버님 젯상에 둘러앉은 객지의 형제들
한밤의 정적과 옛집의 사랑이 새삼스레
몰려드네, 몰려드네

이 벌판 마을에
긴 겨울이 가고 새 봄이 오며는
저 먼 들길 위로
잊고 있던 꿈 같은 아지랭이도 피어오르리라
햇볕이 좋아 얼었던 대지에 새 풀이 돋으면
이 겨울 바람도, 바람의 설움도 잊혀질까
고향 집도, 고향 집도 (악보 165쪽)

이 사람은

도회지에 황혼이 붉게 물들어오면

여행자의 향수도 어디서 찾아든다
술렁대는 갈바람에 잎새 떨구는 나무 아래
옷깃 여미고 홀로 섰는 이 사람은 누구냐

은행나무 찬 바람에 그 잎새 흩어지고
가로등 뿌연 불빛 초저녁 하늘에 뿌리면
거리마다 바쁜 걸음 스쳐가는 사람 사이
처진 어깨에 발길 무거운 이 사람은 누구냐

땅거미 지고 어둔 변두리 가파른 언덕길로
어느 취객의 노랫소리 숨차게 들려오면
길 가 흩어진 휴지처럼 풀어진 가슴을 안고
그 언덕길 올라가는 이 사람은 누구냐

깊은 밤 하늘 위론 별빛만 칼날처럼 빛나고
언덕 너머 목 쉰 바람만 빈 골목길을 달리는데
창호지 문살 한 귀퉁이 뿌연 등불을 밝히고
거울 보며 일기 쓰는 이 사람은 누구냐 (악보 125쪽)

고향집 가세

내 고향집 뒤 뜰의 해바라기 울타리에 기대어 자고
담 너머 논 둑 길로 황소 마차 덜컹거리며 지나가고
무너진 장독대 틈 사이로 난쟁이 채송화 피우려
푸석한 스레트 지붕 위로 햇살이 비쳐오겠지
에헤야, 아침이 올게야
에헤야, 내 고향집 가세

내 고향집 담 그늘의 호랭이꽃 기세등등하게 피어나고
따가운 햇살에 개흙 마당 먼지만 폴폴 나고
툇마루 아래 개도 잠이 들고 뚝딱거리는 괘종시계만
천천히, 천천히 돌아갈게야 텅 빈 집도 아득하게
에헤야, 기물어도 좋아라
에헤야, 내 고향집 가세

내 고향집 장독대의 큰 항아리 거기 술에 담던 들국화

218

흙담에 매달린 햇마늘 몇 접 어느 자식을 주랴고
실한 놈들은 다 싸보내고 무지랭이만 겨우 남아도
쓰러지는 울타리 대롱 대롱 매달린 저 수세미나 잘 익으면
에헤야, 어머님 계신 곳
에헤야, 내 고향집 가세

마루 끝 판장문 앞의 무궁화 지는 햇살에 더욱 소담하고
원추리 꽃밭의 실잠자리 저녁 바람에 날개 하늘거리고
텃밭의 꼬부라진 오이 가지 밭 고랑 일어서는 어머니
지금 퀴퀴한 헛간에 호미 던지고 어머니는 손을 씻으실게야
에헤야, 수제비도 좋아라
에헤야, 내 고향집 가세

내 고향집 마당에 쑥불 피우고 맷방석에 이웃들이 앉아
도시로 떠난 사람들 얘기하며 하늘의 별들을 볼게야
처자들 새하얀 손톱마다 새빨간 봉숭아 물을 들이고
새마을 모자로 모기 쫓으며 꼬박꼬박 졸기도 할게야
에헤야, 그 별빛도 그리워
에헤야, 내 고향집 가세

어릴적 학교길 보리밭엔 문둥이도 아직 있을런지
큰 길 가 언덕 위 공동묘지엔 상여집도 그냥 있을런지
미군 부대 철조망 그 안으로 융단같은 골프장 잔디와
이 너머 산비탈 잡초들도 지금 가도 또한 있을런지
에헤야, 내 아버지는 그 땅아래
에헤야, 내 고향집 가세

걸군이 첫째마당

—걸군이 무대 앞으로 나와서 조명 받으며—
앗다, 하늘의 뜻이건 땅의 뜻이건,
아니면 땅같고 하늘같은 인간의 뜻이건
애비의 피를 받고 에미의 배를 빌려
어느 날 어느 시에 햇빛 세상으로 미끈덩 쑥—빠진 놈이
군이야 소문 감출 일 없으면
온 동네 진동허게 탯줄 끊어 연기 피우고
나 나왔소, 허고 등 비벼 첫 붙인 땅이
아, 각기 그 고향 아니겄나

사설창

나 나왔소, 나 나왔소
날 기다린 우리 부모, 날 기다린 일가붙이
날 기다린 우리 조국, 날 기다린 우리 역사
앗다, 나 나왔네……, 걸군이 나왔네……

해방동이라
헌디 나오고 보니 과히 신통치 않구나
현실이 신통치 않단 말이여
아, 미친 놈 널 뛰듯이 세상이 돌아가는디
인묘진사조를 막되는 장단으로 풀어보자꾸나
(슬라이드 시작)

사설창

애통타 일본놈들 조선 호랑이 다 잡아가고
금붙이 골동붙이 먹성에 입성붙이
팔도의 기름기는 쪽쪽 짜서 다 빨아 처먹고

절통타 우리 민초 헐벗고 굶주리기
친일파 앞잡이놈들 극성이 자심할 제
왜놈들 보따리 챙겨 토끼처럼 도망가고
해방이 돌아온 즉 맨주먹에 텅 빈가슴
(테이프 : 만세소리)

어쩔거나 살아야지 나라가 다시 서니
용트림 해보자고 모두들 나서는데
독립군 제쳐놓고 코쟁이들이 들어오고
친일파 친미되어 구렁이처럼 컴백하고
죄진 놈 참회없고 난 놈들은 생각 없이
미친 말 발길질로 서로 치고 싸우더니

나라는 동강나고 민초는 근심인데
살려던 역사 뜻이 양같이 숨는구나

우리 안의 원숭이가 박 터지게 싸우듯이
전쟁이 일어나고 피가 흘러, 피가 흘러
(테이프 : 총소리, 우는 소리, 아우성 소리)

그 피가 넘쳐나가 왜놈 땅 비료되고
늦닭이 울더락까지 왜 싸웠는고

뒷집의 큰 개들이 우렁차게 짖어대니
터진 살 흐르는 피 그대론 채 쌈은 그쳐

찢긴 상처 허기진 배 꿀꿀이 죽 쌩큐 땡큐
위 러브 온리 유, 온리 유 기브 미 껌

쥐구멍에는 디디티 사타구니에 디디티
대갈빡에도 디디티 칠판에다간 에이, 비이, 씨이……
(슬라이드 끝)

(테이프 : "땡, 땡, 땡…")
허이, 우리 여선생님 아주 자랑스런 모습으로

자, 학생 여러분
이제 음악시간이에요
여러분은 일학년, 오늘은 음악 첫 시간이죠
오늘 첫 시간엔 송아지를 배우겠어요
'송아지 송아지 얼룩 송아지 엄마 소도 얼룩 소 엄마 닮았네'
아름다운 풍금 소리에 맞춰서……

아, 이 풍금은 미국에서 보내주신 거예요
고마우신 그 분들께 감사하는 마음으로……
'송아지 송아지 얼룩 송아지……'

하아, 어쩔거나,
저 말이 뭔 말이디, 젖소 홀스타인이란 말인디…….
제 집의 누렁소 꼴을 비러 가면서도
송아지 송아지 얼룩송아지 할 것인디
하아, 어쩔거나, 어쩔거냐 말이여…….

(슬라이드)

사설창
전통은 옛날에 박살나고
고향은 헐벗고
일가붙이는 천지사방 흩어지고…

시골서 대처로 대처서 서울로
민초는 하릴없이 부평초 신세로되

해방통 전쟁통 그 고난 와중에도
쥐처럼 배 불리고 방귀 깨나 뀌던 놈들
일제 때나 전후에나 세도 좋기 마찬가지

또, 권력에 미친 놈들 홍두깨로 튀어나와
허리에 총칼 차고 제 혈육을 밟고 서서
대국의 종이 되어 동녘으로 허리 꺾고
새 세상 잔치판에 술과 피와 혼동하기

그 슬하에 손발돼도 배지 부르면 그만이지
몇 푼만 쥐어주면 애비 도둑 헷갈리기
이권만 주어지면 네편 내편 짝짝꿍
조상 팔아 떡 사먹고 가보 팔아 술 사먹고

아부지 바지 핫바지 트위스트 차차차
돌아와요 부산항에 그리워라 도롯도

정신 없이 헤매는게 후천성 버릇되야
돈만 보면 헬레레 양코만 보면 오, 형님
사치 향락 사업 시대 노하우 전수시키러
쪽바리 오입꾼 몰려온다 안방에다가 이불 펴라
(슬라이드 끝)

아, 요놈의 세상을 요렇게 피상적 타령쪼로만 볼것이
아니로구나.
보다 주체적 분석으로다가 민중적 과학주의를 척
도입하여
최신식 구호쪼로다가 한번 풀어보자꾸나.

사설창
미식가 대식가 제 돈주고 처먹어도
그게 어디 제 돈인가 땀 흘린 놈 따로 있고

중진국 선진국 떠벌리는 거시기들
그게 어디 제 공인가 뼈 빠진 놈 따로 있고

소권세 대권세로 목줄 튀게 힘주는 놈들
그게 어디 공것인가 깔린 놈들 따로 있고
(사이)
비가 올라나 눈이 올라나
고향 뜨는 맘 심난도허다
아리랑 아리랑 가고싶어 가냐, 뜨고싶어 뜨냐
(결군이 퇴장)

인사동
장승 하나 뻗쳐놓고 잇따 번쩍 유리 속의 골동품
버려진 저 왕릉 두루 파헤쳐 이놈 저놈 손 벌린 돈 딱지

쇠죽통에 꽃 담아놓고 상석 끌어다 곁에 박아놓고
허물어진 종가 새간살이 때 빼고 광 내어 인사동

있는 사람 꾸민 사람 납신다

불경기에 파장 떨이 다 넘어가도
고단한 신세 귀한데 가니
침 발라 기름 발라 인사동 (악보 193쪽)

놋요강에 개 밥 그릇까지 가마솥에 누룽지까지
두메 산골 초가 마루 밑까지 뒤져 뒤져 쓸어다 돈 딱지

열녀문에 효자비까지 충의지사 공덕비 향내음까지
고려 신라 백제 주춧돌까지 호시탐탐 침흘리는 인사동

양코쟁이 게다 신사 납신다
문 열어라 일렬종대 새치기마라
푸대접 신세 물건너 가니
침 발라 기름 발라 인사동

버섯구름의 노래

강가의 풀 꽃들이 강물의 노래에 겨워
이리로 또 저리로 흔들 흔들며 춤출 때
들판의 아이들이 제 땅을 밟고 뛰며
헤어진 옛 동무들을 소리쳐 부를 때

(후렴)
바로 그 때, 폭풍과 섬광
피어오르는 버섯구름 하늘을 덮을 때

공장에서 돌아온 나어린 노동자
지친 몸을 내던지듯 어둔 방에 쓰러질 때
갯가의 할아버지 물 건너 산천을 보며
갈 수 없는 고향 노래 눈물로 부를 때

도회지 한가운데 최루탄 바람이 불고
불꽃과 그 뜀박질로 통일을 외칠때
가슴엔 우국충정 압제의 칼날을 품고
얼굴에는 미소 가득 평화를 외칠 때

버섯구름의 노래

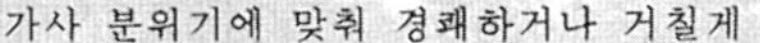

가사 분위기에 맞춰 경쾌하거나 거칠게
강 가 의 풀 꽃 들 이 강
판 에 아 이 들 이 제
물 의 노 래 에 겨 워 이 리
땅 을 밟 고 뛰 며 헤 어
로 또 저 리 로 흔 들 들 흔
진 옛 동 무 들 을 소
들 며 춤 출 때 들
리 쳐 부 를 때 바 로
그 때 폭 풍 과 섬
광 피 어 오 르 는 버 섯 구 름
하 늘 을 덮 을 때

225

그의 노래는

시영 아파트 하수구에서 왕모기나 잡으며
하루 종일을 보내는 애들
서울 변두리 검은 하천엔 썩은 물만 흐르고
역한 냄새 속에서 웃지도 않고 노는 애들
자연이란 이들에게 무슨 의미가 있을까
맑은 시냇물과 쾌적한 바람이란

여름이면 그늘 밑으로 겨울이면 양지 쪽으로
숨이 차게 옮겨다니는 저 노인들
모진 세파에 이리 깎이고 저리 구부러진 채
이제 마지막 일만 초조히 기다리는 이들
세월이란 이들에게 무슨 의미가 있을까
덧없는 과거와 희망찬 내일이란

미친 운명은 광란처럼 나의 숨통을 조이고
나는 허덕이다 꿈을 깨고
크고 작은 역경 속에서 저 자신을 학대하며
뚫고 나서면 또 거기 시련이
휴식이란 우리에게 무슨 의미가 있을까
마음의 평화와 육신의 안식이란

그의 노래는 별빛도 없는 짙은 어둠 속에서 나와
화사한 그대 향락의 옷자락 끝에 묻어
발길 마다 채이며 떨며 매달려
이제 여기까지 따라왔는데
그의 노래는 우리에게 무슨 의미가 있을까
가려진 실상과 전도된 가치 속에서 (악보 171쪽)

권주가

시골집 툇마루 흙벽에 기대어
마셔 마시는 막걸리라
한 잔에 취하고 두 잔에 흥이 나니
불러 부르는 권주가라

226

——어허나 아나 콩콩, 어루어나 아나 콩콩——
배웠단 놈들은 안돌아 오는데
과학화 영농은 웬말이며
비료에다 농약에다 땅심은 죽어가도
내년의 농사도 대풍이라
——어하나……
농토의 절반은 대처놈 차지라
소작료 바치면 쭉정이 뿐이요
사채에다 융자에다 허리가 휘는데
농자는 천하지 대본야라
——어허나……
땅 팔아 소 팔아 자식 놈 갈키고
무식한 농사꾼 병 드는데
보험료 비싸고 병원 문턱 높으니
죽어 나자빠져도 복지사회
——어허나……
없는 놈 낄끼리 갯벌 막아 개간해도
등기상 주인은 딴 놈이요
그 머슴질 싫다고 모두들 떠나도
시골의 풍경은 평화더나
——어허나……
촌놈이 부자되기 이대론 가망 없고
대처로 떠난들 별 수 있나
오가도 못할 살림 구멍만 커가는데
땅 보고 하늘 보고 어쩔꺼나
——어허나 안돼, 안돼 어루허나 안돼, 안돼
방귀 깨나 뀌는 놈은 내놓고 호사극치
겁없이 뿌려대도 여전 떵떵
없는 놈 피땀으로 쎄빠지게 바둥쳐도
깡마른 가슴팍이 늘상 허전
——어허나 안돼, 안돼 어루허나 안돼, 안돼!

권주가

세마치 장단(흥청거리는 기분으로)

시 ─골 집─ 툇 ─마 루─ 흙 벽─에 ─ 기 ─대 ─어
마 ─셔 ─ ─ ─ ─ 마 ─시 ─ 는 막 ─걸 ─리 ─ 라
한 ─ ─잔 에 ─ 취 ─하 고 ─ 두 잔 ─에 ─ 흥 이 나 ─니
불 ─ ─러 ─ ─ ─ ─ 부 르 ─는 ─ 권 ─주 가 라
(후렴)어 ─ ─ ─ ─ 허 나 ─ ─ 아 나 콩 콩
어 ─루 ─어 ─나 아 나 콩 콩

걸군이 둘째 마당

(출연자 소개)
나요? 나 말이요? 아, 나 걸군이 말이요?
아, 나야 뭐 수 삼 년 유리걸식으로 남도 조선 떠돌아 다니다가
어떻게, 어떻게 정태춘이란 인간하고 붙게 되야서 여기까지
따라왔는디 그 사람 날더러 새 이름을 지어주면서 아, 글쎄
걸군이라나? 무슨 말인고 하니, 빌어먹을 걸짜에 군자 군짜라.
원 표리부동하고 이율배반적 성명도 다 있다고 괘씸히 여겼더니
하는 소리가, 당신은 민중탄압의 군사문화, 대외종속과
자본집중의 식민경제, 민족 공동체 파괴의 패권적 서구문화
편입노선의 배반적 근·현대사속에서 불행하게도 기회주의적
기득권층에 허벌레 따리 붙지 못했으니 지금 이땅의 참 민중이요,
참 주인이로다   군자가 따로 있는가
당신이야 말로 빌어 먹어도 천하지 않을 군자로다……
둘러대기는 원……국정감사 증언하듯이 잘도 둘러대더라
암튼간에 걸군이 마당에 각설이 타령 한자락 없을 수 있는가.
그러면 한번 해보자꾸나

사설창

어, 걸군이 타령이 들어간다 정신 없이 들어간다
이놈이 타령이 어찌된게 시시때때로 들어가는 데
육두문자에, 인문 사회 과학적 문자에 시사적 문자에, 민중적
지평의
진솔한 문자까지 되는대로 사정없이 버무려서 마구 들어가려
하는구나
앞 소릴랑은 여러분들이 매겨주쇼
어찌 매기는고 허니 "어허 품바 들어간다"하면 돼요.
자, 이제 들어가 보는구나.

(노래)

일 자나 한 자나 들고보니
일곱 빛깔 무지개가 물 침대 위에서   출렁이다
하수도 구멍으로 사라진다
이 자나 한 자나 들고나보니
이구동성 하는 말쏨 전니 구속 수사 하라

전니 구속 수사하라
삼 자나 한 자나 들고나보니
삼천갑자 동방삭이 5공 6공 넘나든다
훈장 달고 넘나든다
사 자나 한 자나 들고나보니
사랑 타령이 좋을시고
아메리카 사랑 쌀나라 사랑 사대주의 짝사랑
오 자나 한 자나 들고나보니
오호통재 통재로다 만주 놓친 반도
땅에 분단이라니 웬말인가
육 자나 한자 나 들고나보니
육시헐놈의 핵무기가 조선땅에 꿀단진가
유구무언 왜 숨겨
칠 자나 한 자나 들고나보니
칠년대한 가문날에 빗줄기가 대빵이라
요내 오줌줄기도 대빵이라
팔 자나 한 자나 들고나보니
팔딱팔딱 뛰는 정의 좌경분자 기질이다
좌측 눈썹을 밀어버려
구 자나 한 자나 들고나보니
구제하세 구제하세 빈곤민중 구제하고
민족 문화 구제하세
십 자나 한 자나 들고나보니
십시일반 힘을 합쳐 남북통일 대동세상
남북통일 대동세상
어허 품바 들어간다

　－조명 서서히 꺼지고 걸군이 뒤로 물러난다－

(테이프) : "땡땡땡……"
(슬라이드)
여러분 안녕하시오?
내가 오늘부터 여러분들의 미술 교육을 담당할 선생 이경숙이오.
　여러분들이 국민학교 때 배운 미술 교육을 기초로하여 이제 정식으로 새로 시작하
는 것이오. 체계있고 합리적이며, 과학적인 예술로서의 미술을 말이오.
　자, 이제 첫 시간에는 미술 교육의 기본이라 할 수 있는 데생을 하겠어요.

여기 준비된 여러 석고상들 중에서 자기 맘에 드는 것을 골라 굴곡과 명암에 유의하면서 도화지에 연필로 그려보시오.

여기 이 석고상의 인물들에 관해서는 여러분들이 세계사나 여타 시간에 차차 배우게 되겠지만 고대 서양의 영웅들의 얼굴인 것이오. 처음부터 그런 걸 요구할 수는 없겠지만 그 얼굴만을 정확히 옮겨 그린다는 데서 나아가 그 얼굴이 풍기고 있는 그 종족들의 민족적 우월성과 그 인간들의 영웅성, 철학성까지도 마음으로 감화받아 도화지 위에 다시 표현해야 한다는 것입니다.

자, 우선 그 얼굴들 골격구조부터 파악하여 굵은 선으로 잡아보시오. 우리 동양사람, 한국 사람들의 것과는 전혀 다른 그 완벽한 균형미, 진지성, 이제 그 육체는 땅에 묻혔어도 그 영혼은 영원히 살아 지금도 세계사의 선민적 위치에서 크나큰 영향력을 행사하고 있는 그 문화의 위대성에 깊이 함몰되어야 합니다. 그래야만 좋은 그림이 되는 것이오. 때로 아주 이상한 그림을 그리는 사람들이 있어요. 한국사람 비슷하게, 그건 아직 미술적 정서구조가 구태의연한 상태에서 벗어나지 못했다는 것이며, 서구적 신문명에 대한 패배주의적 배타심에서 비롯된 것이예요.

이제 우리는 그 따위 한국식 정서구조나 배타심에서 벗어나 새로운 합리주의적 문화에 어떠한 거부감이나 이질감들을 완전히 청소해버리고 스스로 그 문화 속에 빠져들어가 버려야 한다는 것입니다.

우리가 이제 동양화나 국악을 배우지 않는 이유가 무엇입니까?

음악에서 국악을 배우지 않고 양악을 배우며, '송아지 송아지 누렁 송아지' 하지 않고 '얼룩 송아지'라고 부르는 것이나, 미술에서 동양화를 배우지 않고 서양화를 배우며, 데생 모델로 한국인이 아닌 서양인의 얼굴을 그리는 것이 무엇을 의미하는 것이겠습니까?

그건 이념의 선택 문제인 것입니다.

그래요. 정서교육 이념의 선택! 바로 지금 이 시대의 우리가 선택해버린 것이오.

이제 우리는 그것들을 철저하게 배워야 합니다.

철저하게 우리를 그것들로 세뇌시켜야 한다는 것이예요.

좀더 서양적으로, 보다 서구적으로……"

(슬라이드 끝)

(조명 커지며, 걸군이 다시 앞으로 나오며)

"좀 더 서양적으로, 보다 서구적으로!"

걸군이 창

("병신 난봉가"가락에 맞춰)
에헤 헹야 에허야……네가 내 사랑이로다
더런놈의 세월에 태어를 났는데
역사의 등짐을 어찌 다 메고나 갈거나

오마니 아버지 죽는덴 눈물도 콧물도 안나더니
동네총각 돌아간덴 하날이 배뱅뱅 돌아요

떨거덩 떨거덩 스르룽 떠나 떠나를 가누나
심산유곡을 찾아서 백담사 절 구경 가잔다

어허 미안두 허구나 설악산 단풍철 놓치고
풍우풍설이 난분분 옴붙을 재수로구나

난세 호시절 지나가니 영웅의 콧날이 휘고요
맘에 없는 공양에 머리털 다 빠져나간다

오마니 아버지 돌아간덴 눈물도 콧물도 안나더니
연희궁 나랏님 떠나간덴 하날이 배뱅뱅 돌아요

얘기 2

저 들밭에 뛰놀던 어린 시절 생각도 없이 나는 자랐네
봄 여름 갈 겨울 꿈도 없이 크며 어린 마음 뿐으로 나는 보았네
도두리 봄 들판 사나운 흙바람 문둥이 숨었는 학교길 보리밭
둔포장 취하는 옥수수 막걸리 밤 깊은 노성리 성황당 돌무덤
달 밝은 추석날 얼근한 농악대 굿은 밤 동구밖 도깨비 씨름터
배 고픈 겨울 밤 뒷동네 굿거리 추위에 갈라진 어머님 손잔등을

이 땅이 좁다고 느끼던 시절 방랑자처럼 나는 떠다녔네
이리로 저리로 목적지 없이 고단한 밤 꿈 속처럼 나는 보았네
낙동강 하구의 심난한 갈대숲 희뿌연 안개가 감추는 다도해
호남선 지나는 김제벌 까마귀 뱃놀이 양산도 설레는 강 마을
뻐꾸기 메아리 산골의 오두막 돌멩이 구르는 험준한 산 계곡
노을 빛 뜨거운 서해안 간척지 내 민족 허리를 자르는 휴전선을

주변의 모든 것에 눈뜨던 시절 진실을 알고저 나는 헤매었네
귀를 열고 눈을 똑바로 뜨고 어설프게나마 나는 듣고 보았네
서울로 서울로 모이는 군중들 지식의 시장에 늘어선 젊은이
예배당 가득히 넘치는 찬미와 정거장 마다엔 떠나는 사람들
영웅이 부르는 압제의 노래와 젖은 논 벼 베는 농부의 발자욱
빛바랜 병풍과 무너진 성황당 내 겨레 고난의 반도 땅 속앓이를

얼마 안있어 이제 내 아이도 낳고 그에게 해줄 말은 무언가
이제까지도 눈에 잘 안 띄고 귀하고 듣기 어려웠던 얘기들
아직도 풋풋한 바보네 인심과 양심을 지키는 가난한 이웃들
환인의 나라와 비류의 역사 험난한 역경 속 이어온 문화를
총명한 아이들의 해맑은 눈빛과 당당한 조국의 새로운 미래를
깨었는 백성의 넘치는 기상과 한 뜻의 노래와 민족의 재통일을
(악보 154쪽)

다시 가는 노래
에, 해 떨어진다 돌아가자 고갯길 장승터에 해무리가 진다
에요 데요 갯바람 살랑살랑 빈집 허물기 전, 에요 가자
해가 뜨면 땡볕이요 달이 뜨면 칼바람
맘 붙여 몸 기댈 언덕배기 하나 없네, 예 어디냐, 예 어디냐
메마른 대처 후여, 후여 떠나가자
밭 갈아 엎어 콩 심고, 텃논에 물 대어 벼 심고
외양간 쓸어 누렁소 매고 배불리 먹여 잠 재우고
조상 제사나 잘 모실란다

에, 해 떨어진다 돌아가자 허물어진 장독대에 족제비 노닌다
에요, 데요, 턱 없이 늙어버린 당집 할매 죽기 전, 에요 가자
적수공권 떠돌던 몸 처자가솔도 흩어져
회오리풍 동풍에 천둥번개 요란허니, 예 어디냐, 예 어디냐
남의 땅 대처 후여, 후여 떠나가자
흩어진 식구들 모여서 두레상 한 마루 밥 먹고
동네 품앗이 나락 걷워 농주 담궈 나눠 먹고
두레나 한 번 잘 놀아 볼란다

에, 해 떨어진다 돌아가자 메워버린 우물가엔 흰 김이 오른다
에요 데요 서낭당 돌 무더기 와르르 무너지기 전, 에요 가자

뚫으셔 뚫으셔 샘 구멍 뚫으셔
메워버린 우물가에 흰 김이 오르니
길조가 아니고는 딴 뜻이 없겠네
송아지 송아지 누렁 송아지
얼룩 소가 아니고 누렁 송아지

다시 가는 노래

어허, 배달나라 광영이여

옛날, 옛날 그 춥고 어둔 땅에 어느 하루 북소리처럼 하늘이 열리고
열린 하늘 아래 눈부신 그 햇살이 천지사방에, 온갖 사물에,
이름과 뜻을 지어주던 어느날
천리 벌판을 바라보며 누운 산 그 신비의 등성이 이슬을 헤치고
묵직한 발자욱들을 거기 찍으며 홀연히 나타나 외치는 사람들
여기여 여기, 여기여 여기, 그 분이 말씀 하신 곳이네
가서 나라를 세우라, 가서 나라를 세우라, 그 이가 지켜주실 곳이네
어, 불함에 봄이 오니 그 꽃이 만홍이라
어허, 배달나라 광영이여
어화둥, 어화둥, 이 기름진 땅은 우리 살같이
어화둥, 어화둥, 저 강물일랑 우리 피같이
금수초목의 섭리도 햇살같이 귀해라 땅 일구고 씨앗 뿌려라

그 이들은 그 분의 모든 뜻대로, 또한 그들 자신과 그 무리의 뜻대로
맷돌처럼 짝짓고 칡넝쿨처럼 뻗어나가 거친 역사를 다듬기 시작했네
이웃은 벗이요, 또한 무서운 적이라 때론 전투와 화친의 맹세도 했네
변방 마을 아이들 맑게 웃는 시절도, 서울 궁성하늘 불타는 밤도 있었네
싸워라 싸워, 싸워라 싸워, 그 분이 말씀하신 뜻이네
가서 나라를 지켜라, 가서 나라를 지켜라, 그이가 함께하는 땅이네
어, 불함에 봄이 오니 그 꽃이 만홍이라
어허, 배달나라 광영이여
어화둥, 어화둥, 이 기름진 땅은 우리 살같이
어화둥, 어화둥, 저 강물일랑 우리 피같이
새벽 이슬로 내리는 평화로운 승리여, 뜻 세우고 강토 지켜라

매무새 곱고 총명한 아낙네들 꽃처럼 티 없는 자손을 낳고
당당하고 생각 깊은 사내들 그 지혜와 부지런함으로 그들을 가르쳤네
그러나 세월속에 기상은 죽고 예속과 분단의 아픔도 맛 보았네
땅은 갈리고 형제는 헤어져 고통과 슬픔으로 들은 목소리 있네
떨쳐라 떨쳐, 모든 굴레를 떨쳐 버려라 그 분이 말씀하신 뜻이네

이제 너희를 찾아라, 다시 자신을 찾아라 그이가 기다리는 때이네
어, 불함에 봄이 오니 그 꽃이 만홍이라
어허, 배달나라 광영이여
어화둥, 어화둥, 이 기름진 땅은 우리 살같이
어화둥, 어화둥, 저 강물일랑 우리 피같이
꿇린 무릎을 세우고 다시 서는 형제여, 여기는 우리 아버지의 땅
아버지의 땅, 아버지의 땅, 여기는 우리 아버지의 땅!

어허, 배달나라 광영이여

나 라를 제우라그이 가 지켜 주실곳이 네   어,

불 함에 봄이―오 니 그 꽃― 이 만 홍―이라 어―허 ― ―

어―허 ― ―   배달― 나―라 광 영―이 여   ―

어 화둥― ―   어화둥― ― 이 기름진 땅은우 리살 같 이

어화둥― ―   어화둥― ― 저 강 물일 랑우 리피같― 이

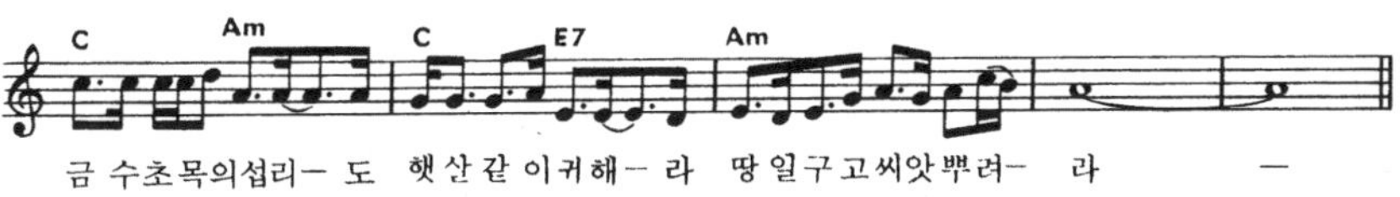

금 수초목의섭리― 도 햇살같 이커해―라 땅 일구고씨앗뿌려― 라   ―

(3절후)
Coda

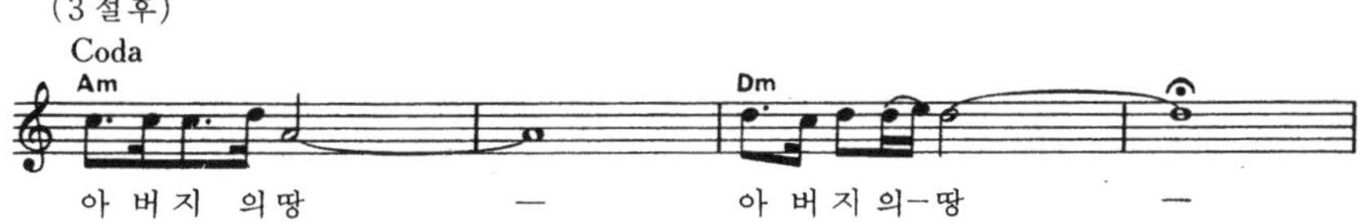

아 버지 의땅   ―   아 버지 의―땅   ―

237

아가야, 가자

아가야, 걸어라 두 발로 서서 아장 아장
할매 손도, 어매 손도 놓고 가슴 펴고 걸어라
흰 고무신, 아니 꽃신 신고 저 넓은 땅이 네 땅이다
삼천리 강산 거칠데 없이, 아가야 걸어라

아가야, 걸어라 두 다리에 힘주고 겅중 겅중
옆으로 뒤로 두리번거리지 말고 앞을 보고 걸어라
한 발자욱, 그래 두 발자욱 저 앞 길이 환하잖니
가슴에 닿는 바람을 이겨야지, 아가야, 걸어라

아가야, 걸어라 어깨도 펴고 성큼 성큼
송아지 송아지 누렁 송아지 동무하여 걸어라
봄 햇살에 온 누리로 북소리처럼 뛰는 맥박
삼천리라더냐 그 뿐이라더냐, 아가야, 가자

아가야 가자

(암전)

(테이프)

"송아지 송아지 누렁 송아지
엄마 소도 누렁 소 엄마 닮았네

송아지 송아지 누렁 송아지
두 귀가 누렁 귀 귀도 닮았네"

— 끝 —

버섯구름의 노래

우리도 모르는 사이에 도사리고 있는 핵폭탄의 위험을 노래한 것으로 그의 인식의 확대를 단적으로 보여주는 작품이다. 사람들의 살아가는 다양한 모습과 그러한 것을 완전히 초월하는 거대한 힘으로서의 핵폭탄을 대비시키고 있어, 핵의 위험에 대해 다시 인식할 수 있는 계기를 제공한다. 그러나 우리의 작고 하잘 것 없는 모습과 핵폭탄의 거대한 힘의 대비는 너무나 절대적이어서, 핵폭발이라는 재앙은 도무지 피할 수 없고 어쩔 수도 없는 운명적 재앙처럼 형상화되어·있다는 한계가 있으며 따라서 미래의 전망도 없다.

권주가

민요의 앞소리를 바꾸어 부르듯, 현재 농촌문제를 농민의 눈으로 형상화하고자 한 작품이다. 5절의 가사 내용은 작가의 고향 마을의 이야기인데, 그곳은 농민들의 피와 땀으로 개간한 갯벌을 두고 십수년 동안이나 땅싸움이 계속되고 있다.

다시 가는 노래

그 이전 시기의 고향노래와 언뜻 보기에는 비슷하나, 그 이전의 노래들에 비해 고향을 향하는 의지가 훨씬 강하고 구체적이다.

어허, 배달 나라 광영이여

우리 나라의 건국신화가 담긴 대서사시와 같은 느낌을 주는 작품이다. 배달겨레로서의 자부심과 긍지가 강하게 드러나 있는데, 아직까지 이러한 것들이 현재의 구체적 현실과 밀접하게 맞닿아 있지는 않다. 공윤의 심의의견서에서는 '지나치게 관념적으로 치우쳐 의미연결이 모호한 부분과 극단적으로 투쟁을 강조한 내용을 순화개작'하라고 쓰여 있는데, 심의 자리에서는 '불함에 봄이 드니 그 꽃이 만홍이라'라는 「한단고기」에 나오는 귀절이, 불함은 백두산이고 만홍이란 붉은 색이므로 북한찬양으로 오인받을 수 있다는 어처구니 없는 지적조차 있었다고 한다.

아가야 가자

함경도의 애원성 가락을 연상시킬 정도의 힘찬 악곡에 실린 가사는 막연하기는 하지만, 역동성있는 악곡처럼 낙관적이고 진취적이다. 내 땅에 두 발을 딛고 서서, 삼천리 강산 내 땅을 씩씩하게 걸어나가는 아가의 이미지가 강렬하다.

싸워 되찾아야 할 우리들의 고향

김 창 남
대중문화평론가

요즘 '노래꾼'이라는 말을 자주 들을 수 있다. 물론 이 말은 텔레비전을 주름잡는 이른바 인기가수들을 가리키는 말이 아니다. 우리 민족현실의 한가운데에서 목소리만이 아니라 온 몸을 던져 노래부르는 일군의 젊은이들을 우리는 '노래꾼'이라 부른다. 최근 낯익은 이름 하나가 그 노래꾼의 대열에 들어왔다. 그는 뒤늦게 뛰어든 노래판에서 누구보다도 왕성한 활동을 벌이며 커다란 주목의 대상이 되고 있다. 그가 정태춘이다. 지난 봄의 노래극 '송아지 송아지 누렁 송아지' 공연이나 지난 여름의 '한돌, 정태춘, 노래를 찾는 사람들' 합동공연, 또 전교조 지지 명동성당 공연에서 고무신을 신고 무대를 누비며 노래하는 정태춘의 모습을 본 사람들이라면 누구나 그를 이 시대의 탁월한 노래꾼으로 꼽는 데 주저하지 않을 것이다. 떠들썩하지는 않지만 나름대로의 꾸준한 인기를 유지하고 있던 대중가요 가수인 그가 언제부터인지 노동판이나 대학가의 집회에 모습을 드러내고 '뭔가 색깔이 있는' 노래를 부르기 시작했을 때, 많은 사람들이 느꼈던 것은 '별 일도 다 있군' 하는 식의 호기심 이상이 아니었다. 그러나 지금 그는 단순한 이채로움의 수준을 분명히 넘어서면서 민족민주운동의 선상에 확고하고도 튼실한 뿌리를 내리고 있는 것으로 보인다.

그가 '화려한 변신'을 통해 이 시대의 노래꾼으로서의 면모를 보여주기 이전에도 그는 범박한 의미의 유행가 가수로서는 분명 남다른 모습을 가지고 있었다. 그것은 그의 대부분의 노래들이 흔하디 흔한 사랑타령, 이별타령의 싸구려 정서에서 분명히 벗어나 있었다는 사실에서 우선 찾아진다. 그를 유명하게 만든 출세작이랄 수 있는 '시인의 마을'만 보아도 그것을 알 수 있다(그는 요즘 '시인의 마을', '촛불' 등 초기의 출세작들을 몹시 부끄럽게 여기며 남들 앞에서 결코 부르려 하지 않는다. 그러나 필자는 이들 노래들이 상당히 '정태춘'다운 세계를 이루고 있다고 보며 그 안에서 그의 '변신'을 예견케 할 씨앗을 발견할 수 있다는 사실을 중시하고 싶다).

> 창문을 열고 내다봐요
> 저 높은 곳에 우뚝 걸린 깃발 펄럭이며
> 당신의 텅빈 가슴으로 불어오는
> 더운 열기의 세찬 바람
> 살며시 눈감고 들어봐요
> 먼 대지 위를 달리는 사나운 말처럼
> 당신의 고요한 가슴으로 닥쳐오는
> 숨가쁜 벗들의 말발굽 소리
> 누가 내게 손수건 한 장 던져주리오
> 내 작은 가슴에 얹어주리오
> 누가 내게 탈춤의 장단을 쳐주리오
> 그 장단에 춤추게 하리오.
>
> 나는 고독의 친구, 방황의 친구, 상념 끊기지 않는
> 번민의 시인이라도 좋겠소
> 나는 일몰의 고갯길을 넘어가는
> 고행의 수도승처럼
> 하늘에 비낀 노을 바라보며
> 시인의 마을에 밤이 오는 소릴 들을테요
> ― 시인의 마을 (1절, 1977)

　'고행' '방랑' '고독' '번민' 등 치기가 다분히 엿보이는 단어들이 소화불량인 상태로 불쑥불쑥 튀어나오는 등 문학소년적 태를 채 벗지 못한 작품이지만 우리나라 대중가요 수십년의 역사 속에서 가장 독특한 작품 가운데 하나로 꼽히기에 충분할 만큼 이른바 대중가요의 주류로부터는 확실히 벗어나 있는 작품이다. 쓰리핑거 주법의 전형적 포크음악의 분위기에 실린 이 독특하고 이채로운 노래가 70년대말의 억압적 분위기에서 질식할 듯한 삶을 살아가던 많은 젊은이들에게 매우 신선한 충격을 주며 선풍적 인기를 모은 것은 충분히 이해할 수 있는 일이다.

　'시인의 마을'에서도 부분적으로 드러나 있듯 그의 작품들이 주조를 이루는 것은 정겨운 고향의 풍경과 잊혀져간 고향사람들의 모습에 대한 향수와 애정, 이를테면 '고향의식'이랄 수 있다. '고향의식'은 그의 노래 전편에 일관되게 흐르는 주제이다. 보기에 따라서는 그의 노래 전부가 '잃어버린 고향'에 대한 애착과 그 귀소의식의 산물이라 해도 무리가 없을 정도이다. 그 고향의 모습은 시간이 지남에 조금씩 달라지는 모습을 보여주는바, 이는 정태춘 자신의 변화의 궤적에 상응한다.

손 모아 기다린 비 몹시 내리고
강 마을의 아이들 집에 들어 앉으면
흰 모래 강변은 큰 물에 잠기고
말뚝에 매인 나룻배만 심난해지는데
강 건너 사공은 낮꿈에 취하여
사납게 흐르는 물소리도 못 듣는구나
— 장마 (1절, 1974)

에헤라 친구야, 박꽃을 피우세
초가집 추녀에 박넝쿨 걸고
박꽃을 피우세
에헤라 친구야, 피리를 불어보세
저 언덕 너머로 소 몰고 가며

피리를 불어보세
— 에헤라 친구야 (1,4절, 1973)

　비교적 초기에 만들어진 작품 가운데서 눈에 띄는 대로 골라본 예이다.
시골에서 자란 사람만이 가질 수 있는 감수성으로 그려낸 동화적인 고향
의 모습이 한 폭의 수묵화 같은 세계를 이루고 있다. 그런데 묘하게도 고
향 내부의 시선으로 담담하게 그려진 그 수묵화 같은 고향의 모습은 '현
실'로 다가오지 않는다. 오히려 그것은 상실의 느낌에 닿아 있다. '잃어버
려서 더욱 아름답고 그리운' 것이 그의 노래 속에 등장하는 고향의 이미지
이다. 그것은 고향을 안에서 바라보면서도 끊임없이 그로부터 벗어나고자
했던 이 당시의 그 자신의 심리상태를 반영한 것이라 여겨진다. 초기 그의
작품 가운데 비교적 구체성이 살아 있는 것은 '애기' '우리 동네 명창대회'
등 고향사람들에 대한 추억을 묘사한 몇 작품들에서이다.

　담 너머 뒷집의 젊은 총각
　구성진 노래를 잘도 하더니
　겨울이 다가고 봄바람 부니
　새벽 밥 해먹고 머슴가더라

　산 너머 구수한 박수무당
　굿거리 푸념을 잘도 하더니
　제 몸에 병이 나 굿도 못하고
　신장대만 붙들고 앓고 있더라

어리야 디야 어리얼싸, 어리야 디야 앓고 있더라
— 애기 (1,2절, 1974)

개울 건너 김서방이 부르던 노래
타령조에 목청 돋워 듣기 좋았지
산염불에 수심가는 못할까마는

제 좋아하는 노래라고 꼭 그 노래만
산타령 물타령 인심타령에
구성지게 제껴대는 힘도 좋구나

에 헤이, 에 헤이

뒷산 아래 박씨 부인 부르던 노래
서도 소리 목청 돋워 자지러질때
남도 창에 북도 소린 못할까마는
갈 수 없는 고향길에 한이 서리어
맺고 맺힌 구절마다 목이 쉬누나

에 헤이, 에 헤이
— 우리 동네 명창대회 (1,2절, 1973)

절로 흥겨운 민요 가락을 연상시키는 이 노래들에서 우리는 농촌 공동
체의 풍물을 생생한 모습으로 볼 수 있다. 이처럼 농촌적 풍물을 재담을
섞어 풀어놓은 노래들에서 가장 정태춘다운 특징이 유감없이 발휘된다.
적절히 사용되고 있는 후렴구 역시 이 노래들의 토속적 분위기를 더해주
고 있다. 그러나 비교적 구체적이고 생생한 이 노래들에서도 고향은 여전
히 '과거형' 속에 있다. 그것은 그가 가지고 있는 '현실'이 아니라 잃어버
린 세계이다. 잃어버려서 현실에 존재하지 않기에 고향을 노래하는 그의
목소리엔 짙은 한이 배어 있다. 그의 노래에 빈번히 등장하는 '저승길' '상
여' '나그네' '허무'의 이미지는 그러한 '상실'의 체험에 연관된다. 그러나
그 상실의 원인은 아무 데도 나타나 있지 않다. 그는 고향을 잃은 나그네
지만 그 '잃음'에는 이유가 없다. 그것은 그의 고향이 '현실'의 고향이 아
니라 관념 속의 고향이었음을 의미한다. 그에게 고향상실의 의미가 '현실'
로서 다가오기 시작하는 것은 그가 실제로 고향을 떠난 이후부터이다.
  고향을 떠나 사는 서울의 피곤하고 고단한 삶 속에서 고향은 조금씩 새
로운 의미를 띠게 된다.

한낮의 그림자도 사라지고
마주치는 눈길마다 피곤한데
고향 잃은 사람들의 어깨 위로
또한 무거운 짐이 되어 얹힌 달
오늘밤도 어느 산길, 어느 들판에
그 처연한 빛을 모두 뿌리고
밤 새워 이 거리 서성대는
아, 고단한 서울의 달
— 서울의 달 (2절, 1983)

나의 옛집은
나도 모르는 젊은 내외의 새 주인 만나고
바깥 사랑채엔
늙으신 어머니, 어린 조카들, 가난한 형수님
아버님 젯상에 둘러 앉은 객지의 형제들
한밤의 정적과 옛집의 사랑이 새삼스레
몰려드네

몰려드네
이 벌판 마을에
긴 겨울이 가고 새봄이 오며는
저 먼 들길 위로
잊고 있던 꿈 같은 아지랭이도 피어오르리라
햇볕이 좋아 얼었던 대지에 새 풀이 돋으면
이 겨울 바람도, 바람의 설움도 잊혀질까
고향집도
고향집도
— 실향가 (3,4절, 1981)

그의 고향은 이제 막연히 수묵화 같고 목가적인 풍경이거나 잊혀진 풍

물로서가 아니라 확실히 내가 살았던 현실적 삶의 터전이며 구체적인 그
리움의 대상이다. 그 고향은 우리 민족이 가졌던 문화적·정신적 전통의
동의어이기도 하다. 고향의 상실이 가지는 의미가 보다 구체화되는 것과
함께 그 상실의 원인에 대한 고민의 흔적도 드러나기 시작한다.

주변의 모든 것에 눈 뜨던 시절
진실을 알고자 난 헤매였네
귀를 열고, 눈을 똑바로 뜨고
어설프게나마 나는 듣고 보았네
길 잃고 헤매는 교육의 현장과
지식의 시장에 늘어선 젊은이
예배당 가득히 넘치는 찬미와
정거장마다엔 떠나는 사람들
영웅이 부르는 압제의 노래와
젖은 논 벼 베는 농부의 발자욱
빛 바랜 병풍과 무너진 성황당
내 겨레 고난의 반도 땅 속앓이를
― 얘기2 (3절, 1981)

그가 이 사회의 현실에 대해 '귀를 열고 눈을 똑바로 뜨고 어설프게나
마' 조금씩 알게 되면서 고향은 '잃어버린 것'이기보다는 '빼앗긴 것'으로
나타나게 된다. 그것을 빼앗아간 것은 이를테면 '놋요강과 개밥그릇까지'
뒤져 모아 돈딱지를 붙여버리는 '있는 사람, 꾸민 사람'과 '양코쟁이, 게다
신사' 들이며('인사동'), '땅심은 죽어가고' '무식한 농사꾼 병 드는' 말뿐
인 '복지사회'이다('권주가').
빼앗긴 고향은 이제 가슴 저리는 '그리움'의 대상이 아니다. 그것은 힘
을 모아 함께 싸워 되찾아야 할 우리의 삶이다. 그가 최근 몇 년 사이에 만
들어낸 '아가야 가자' '권주가' '어허 배달나라 광영이여' 등의 노래에서
고향은 더 이상 애틋한 '그리움'의 대상이 아닌 '되찾음'의 대상이다. 우리
가 싸워야 할 대상 또한 보다 구체적으로 나타난다.

농토의 절반은 대처놈 차지라
소작료 바치면 쭉정이뿐이요
사채에다 융자에다 허리가 휘는데
농자는 천하지대본야라

어허나 아나 콩콩, 어루어나 아나 콩콩

방귀깨나 뀌는 놈은 내놓고 호사극치
겁없이 뿌려대도 여전 떵떵
없는 놈 피땀으로 쌔빠지게 바둥쳐도
깡마른 가슴팍이 늘상 허전

어허나 안돼 안돼, 어루허나 안돼 안돼
— 권주가 (3,7절)

　여기가 정태춘이 그간의 '화려한 변신'을 통하여 도달한 지점이다. 투박하고 꾸며지지 않은 목소리로 막연한 '향수'와 '허무'를 노래하던 통기타 가수가 북과 꽹과리를 두들기며 민족의 통일과 평등을 노래하는 노래꾼으로 변신하는 과정은 감동적이기까지 하다. 그러나 그 변신은 갑작스러운 것도 아니며 일시적인 객기는 더더욱 아니다. 앞에서 대강 살폈듯 그것은 고향의식 속에 막연히 구체적이지 않은 형태로 잠복해 있던 것이 사회의 변화와 작가 자신의 부단한 노력에 의해 보다 구체적인 모습을 갖게 된 것이라 할 수 있다. 말하자면 그의 변신은 그 자신의 것이면서 우리 민족운동 전반의 발전된 폭과 깊이의 산물인 셈이다.
　우리의 민족운동 전반이 그렇듯이 정태춘 역시 적지 않은 문제와 극복해야 할 과제를 안고 있다. 이를테면 그의 최근 노래들에서도 여전히 드러나는 과거에의 집착은 그가 극복해야 할 한계라 할 수 있다. 싸워 되찾아 현실 속에 이루어야 할 고향은 미래의 것이지 결코 과거의 것이 될 수 없다. 그의 노래 곳곳에서 드러나는 과거에의 향수는 그것이 '향수'로서 끝

날 때 의미있는 것이지 미래의 비전을 대신하는 것이 되어서는 안된다. "옛날 옛날 그 춥고 어두운 땅에 어느 하루 북소리처럼 하늘이 열리고 열린 하늘 아래 눈부신 그 햇살이 천지 사방에, 온갖 사물에 이름과 뜻을 지어주던 어느날— "하는 사설로 시작되는 '어허 배달나라 광영이여'는 그 웅대한 스케일과 뛰어난 음악적 성취에도 불구하고 '과거'에의 향수가 자칫 봉건성의 찬미로까지 비화될 가능성을 보여주고 있다는 점에서 우려를 갖게 한다.

전통에 대한 그의 집념은 때로 놀라울 정도이다. 초기 작품들에서부터 두드러졌던 토속적 분위기로부터 1988년에 발매된 음반 '정태춘·박은옥 무진 새노래'에 실려 있는 노래들의 편곡 내용이나 노래극 '누렁송아지'에서 보여준 민속악과 서양 대중음악의 조화에 이르기까지 전통에 대한 그의 남다른 고집과 집념은 꾸준한 실험과 시도로서 지속되어오고 있다. 특히 '누렁 송아지'에서 보여준 국악반주와 양악반주의 어울림은 최근 이슈가 되고 있는 이른바 민족음악의 향방에 관련하여도 귀중한 의미를 갖는다. 그러나 '어허, 배달나라 광영이여'에서 지나친 스케일이 봉건성으로 귀착하듯 음악적 전통에 대한 그의 집착이 때로 국악에 대한 알맹이 없는 물신적 경도로 나타나곤 하는 것 역시 부인하기 어려울 듯하다.

정태춘의 많은 노래들은 아직 함께 부르기보다는 혼자 듣는 노래에 가깝다. 그가 우리 시대의 노래꾼으로서 새로운 면모를 보여주기 시작한 이후의 노래들에서도 마찬가지이다. 그것은 그다운 음악적 개성이기도 하지만 아직 그가 민족운동의 대오에서 민중과 흔쾌히 가슴을 열고 만나지는 못하고 있다는 의미일 수도 있다. 그러나 노동판에서, 민족운동의 현장에서, 대학가의 젊은 일꾼들 틈에서 온 몸을 던져 노래부르는 그의 모습을 보면, 이제 그가 자신의 오랜 껍질을 완전히 깨고나와 열린 가슴으로 민중과 만나 노래하는 큰 노래꾼으로 우리 앞에 설 날이 멀지 않았음을 직감하게 된다. 어떤 의미에서 정태춘의 노래활동은 이제 막 시작된 것인지도 모른다. 그가 그 자신의 모든 벽을 깨고 한계를 넘는 과정은 그대로 우리 민족운동 전반의 구각을 벗어나 새롭게 발전하는 과정을 의미할 것이다. 정태춘의 지금까지의 변신과정이 그러했던 것처럼 (1989. 11.)

일어서 외치게 하는 노래가 필요할 때다

온 몸을 던져 노래하는 80년대 노래꾼 정태춘

차 미 례

자유기고가

왜곡된 상업자본의 논리에 의해
조작되어지는 인간소외와
타락한 서구지향의 아류적 노래가 아니라
함께 살아가는 우리들의
건강한 삶의 논리에 의해 생산되어지는
주체 민족의 참된 '우리 노래'를 찾아서……

　이것은 1989년 들어 전국의 대학가를 휩쓸었던 정태춘의 노래극 '송아지 송아지 누렁송아지'의 팜플렛 표지에 적힌 글이다.
　노래의 종류야 어찌 됐든, 도대체 대중가요를 만들어 부르는 사람이 이 나라의 역사와 사회, 정치현실과 국제적인 위상에 대해서까지 목소리를 높이고 명동성당의 농성현장이나 전교조 지지를 위한 전국순회공연 등 문

✻　1989년 9월 27일 면담기록. 월간 《사회와 사상》 11월호 인터뷰 특집
　　〈80년대 사람들〉에 수록되었던 것을 여기 재수록함

제의 현장을 앞장서서 찾아 다닐 게 뭐냐고 생각하는 사람들도 있을지 모른다. 특히 1978년 신인가수 시절에 내놓은 '시인의 마을' '촛불' 이후 몇 년간 발표된 정태춘 노래들의 차분하면서도 문학성이 강한 가사와 감미롭고도 서정적인 곡조를 사랑해온 사람들일수록 '저기 저 무욕의 땅을 찾아 떠나가는 배'처럼 표표히 세속적인 투쟁의 와중을 떠나가는 아름다운 동경과 향수의 세계나 '강물 속으로 또 강물이 흐르고, 내 마음속에 또 내가 서로 부딪치며 흘러가는'('북한강에서') 내면적인 고뇌와 지식인형 번민의 세계를 아쉬워하는 이들이 많은 것도 사실이다.

그것이 역사와 사회에 대한 인식의 전환을 토대로 격렬한 '현장의 목소리'이기를 원하는 그의 변신에 대해서 논란이 많은 이유 중의 하나이기도 한데, 정태춘 자신은 그러한 자신의 변모가 의도적인 변신이라기보다는 원래부터 지니고 있던 자신의 애매한 생각들(빼앗긴 고향에 대한 생각, 현실에 부딪쳐서 겪는 갈등과 회의, 자신의 역할에 대한 온갖 번뇌와 슬픔과 방황……)이 격동기를 살아가면서 정리되고 구체화된 것이라는 생각을 가지고 있다.

어쨌거나 이제 '노래꾼 정태춘'은 대중가요를 부르는 '솔로싱어'의 한 사람에서 본격적인 노래마당의 노래꾼으로 변신한 것이 사실이고, 우주와 허공을 향해서 이상과 향수와 번뇌와 온갖 관념적인 고민을 토로하던 공중에 뜬 가수로부터, 이 땅 위에 착륙해서 새로운 노래문화를 선도하고 공동체적인 관심과 활동을 통해 두 발을 땅에 붙이게 된 '80년대 노래꾼'으로 변신한 것이 틀림없다. 그리고 누구에게 지도나 영향을 받은 것이 아니라 혼자만의 고뇌와 깨달음을 통해서 여기까지 걸어왔으며 그 깨달음을 당당하게 온 몸으로 실천해가고 있다는 점에서, 그는 우리 현시대의 척박한 토양에서 자생한 보기드문 토종(土種) 노래꾼인 것이다.

자신의 노래세계를 책으로 엮어내는 작업현장에 나와 몇 번 만난 적이 있었던 정태춘은 내가 "이야기 좀 하자"는 전화 끝에 사유를 밝히자 "이제 뒤늦게 내가 진정 가야 할 길을 깨달았고, 이제는 노래 자체로 발언해야 할 때라고 느낄 뿐"이라면서 도대체 어떤 '인물'로 손꼽히는 것과 그렇게 나서게 되는 일을 매우 부끄러워하고 있었다. 또 1989년 9월 20일경부터 10월에 걸쳐 전국 16개 도시를 돌며 전교조 지지를 위한 순회공연을 하고 있는 도중이기도 했다. 그러나 그는 숨가쁘게 바쁜 일정과 무대 위를 뛰고 북을 치며 혼신의 힘을 다해야 하는 공연의 연속으로 지친 얼굴이면서도 인터뷰를 위해서 잠시 상경해주었다. 그리고 노래문화에 대한 자신의 생각과 지금까지 느껴온 여러 문제점에 대한 의견을 진지하게 들려주었다.

■분야에 따라서 다소 차이는 있겠지만 우리나라에서 예술가로서의 현실인식, 역사적인 의식을 행동으로 표현하고 실천하기가 가장 힘든 방면이 가요계 등 대중예술 분야가 아닌가 생각됩니다. 정태춘씨는 레코딩을 통한 작품 발표를 제외하고는, TV 출현이나 인기관리 등 우리나라 대중가수가 거쳐야 할 나름대로의 제도적 메카니즘과 행동문법을 처음부터 도외시했고, 요즘은 한단계 더 발전한 노래운동가로서의 면모를 보이고 있습니다. 특히 국내에서는 처음으로 이미 1984년부터 전국을 돌며 '애기 노래마당'이라는 형식의 순회공연을 통해 청중들과 직접 대면하는 자리들을 만들어왔고, 최근에는 '송아지 송아지 누렁송아지' 같은 자작 노래극의 한판 노래마당, 금년 여름 한돌, 노래를 찾는 사람들과 함께 한 합동공연 등 공동작업을 통해서 주목받고 있습니다. 어떤 생각에서 그런 일들을 하고 있습니까?

□제가 저 자신을 발견하고 해야 할 일을 깨닫게 된 것은 80년대 후반이라고 생각됩니다. 물론 지금 말씀하신 것 같은 공동작업 같은 것, 우리의 역사와 사회 안에서 변혁운동의 일환으로서의 노래의 기여 같은 것을 생각하게 된 것을 의미합니다. 요즘은 무대 위에서 북도 치고 노래도 하고 군무를 리드하며 춤도 추는데, 스스로 '신명'이라는 것이 나온다고 봅니다. 남이 보기에는 '의식'이 표출되면서 노래가 전만큼 곱지 않다, 강하고 거칠은 느낌이라고들 하는데, 저로서는 그전의 노래활동에서 못 느꼈던 내면의 평화랄까, 덜 부끄러움, 다소 더 당당해짐 같은 것을 느끼고 있습니다.

■처음 레코드를 낸 이래로 정태춘씨의 팬이 무척 많은 것으로 알고 있는데 요즘 같은 전파매체 시대에 텔레비전에서 얼굴을 볼 수 없는 사람, 레코드와 라디오 방송으로만 만날 수 있는 별난 가수였던 것 같아요. 레코드는 어떤 것들이 나왔으며, 처음 가수로 출발할 때의 사정은 어땠는지를 이

야기해주시지요.

□제가 데뷔한 것은 1978년 첫 음반 '시인의 마을'을 내면서 가수활동을 시작했고, 1979년 문화방송 신인가수상과 TBC방송가요대상 작사부문 ('촛불')상을 수상하면서 레코드와 테이프가 잘 팔리기 시작했었습니다. 그러나 1980년 같은 신인가수 출신의 박은옥과 결혼하면서 낸 두번째 레코드는 '탁발승의 새벽 노래' '사망부가' 같은 내 나름대로 중요하다는 노래를 스스로 선곡했는데 판매에 실패했고, 국악반주를 시도했던 세번째 앨범 역시 실패로 돌아갔습니다. 밤업소 일도 별로 없고 다른 수입이 전혀 없는 데다가 그나마 생활비로 지급받던 월 20만원 가량의 보조금까지 끊긴 게 1982년이었어요. 그 이후로는 정말 고민이 많았지요. 여기저기 레코드사에 다녀봐도 반응이 없었고, 포장마차라도 할 것인가 고민이 많았는데, 지구레코드사에서 부부가 4년간 전속에 8백만원이라는 형편없는 조건으로 전속하게 되었습니다.

공연 때 프로그램 제작비 정도밖에는 안되는 지원이었어요. 거기에서 1984년부터 1987년까지 묶여 있다가 작년에 내가 직접 낸 것이 '정태춘-박은옥 발췌곡집'과 '무진 새노래 모음'입니다. 그 사이의 생활의 어려움이나 나 자신의 장래의 방향을 두고 겪은 번민은 이루 말할 수 없었지요.

■'정태춘-박은옥의 애기 노래 마당'(처음에는 '정태춘노래마당')이라는 이색적인 제목의 순회공연을 가지고 전국을 돌면서 젊은이들과의 직접 대화를 시도한 게 침체기 이후였군요. 어떤 생각을 가지고 그 일을 시작했나요? 그것이 지금과 같은 전국순회 노래마당과 다른 게 있다면 어떤 점일까요?

□1984년 연말에 부산 가톨릭센터 문화부장으로 있던 화가 옥봉환씨가 찾아와서 부산 가톨릭센터에서 공연을 해달라고 했어요. 그래서 1985년 1월에 '정태춘 노래마당'이 처음 열리게 되었고, 그때부터 전국의 16개 도시(시내 소극장, 진주에서는 체육관)을 돌면서 팬들에게 직접 내 노래를 들려주고 노래에 대해서 대화를 나누는 일을 시작하게 되었습니다. 그때의 순회공연에서 '애기'를 해보니까 저 자신이 정리가 되는 부분도 많았고 노래를 지어 부르는 데에도 도움이 되었어요. 그러나 애기 노래마당 행사가 다 끝날 때까지만 해도 지금과 같은 의식은 없었고, 당시에 '민요연구회'

모임을 좋아했지만 그들이 부르는 노래를 들으며 '왜 노래가 저래야 하나' 하고 생각했을 정도입니다.

■그때만 해도 '시인의 마을' '촛불'을 비롯해서 '우리 동네 명창대회' '애기' '실향가' '서울의 달' 등 고향을 그리는 노래, 서울살이의 삭막함과 방황 같은 것들을 많이 불렀는데, 80년대 후반부터 이루어졌다는 의식의 전환이란 스스로 어떤 것이라고 생각합니까? 왜 그런 것이 이루어졌나요?

□애기 노래마당을 하고 있을 때만해도 저 자신이 '가수 중에는 그래도 내가 글재주도 있고 한데, 왜 상업적으로 성공을 못하고 경제적인 고통을 받아야 하나' 하는 생각을 할 때였습니다. 3년 동안이나 애기 노래마당을 하고 있는 동안 세상이 많이 달라졌지요. 1987년의 민주화 열풍을 비롯한 우리 사회의 격변과 역사적인 사건들을 지켜보면서 저는 나름대로 나 혼자 순수성을 지켰던 지난 몇 년 동안의 생각, 즉 '순수하게 자유롭다'는 식의 자신의 모토(?)를 좀 달리 생각하게 되었습니다. 내가 다른 가수처럼 텔레비전에도 안 나가고 순수성을 지킴으로써 자유인인 척 했던 것이 실은 자유로왔던 것도 아니고 역시 체제내에서 구속되고 있었던 거라는 사실을 깨달은 거지요.

■조금 뒤로 돌아가봅시다. 가수로서 텔레비전 출연 같은 것을 안한다거나 기성의 가요계에서 '별나게' 굴게 된 것은 그런 '자유혼'이랄까 하는 신념 때문이었나요?

□실은 처음에는 그렇지 않았어요. 그런데 첫 레코드를 내고나서 문화방송의 '명랑운동회' 같은 연예인 프로에 출연을 해보니까 어찌나 어색하고 싫던지 그게 내 기색에 역력히 나타났던가봐요. 사회자가 '닭살 돋게 굴지 마라'는 모욕적인 언사를 나한테 했을 정도로 제가 그런 데에 적응을 할 수가 없었던 거지요. 그때는 노래에 대한 구체적인 생각도 없었고 다만 '내가 끼가 좀 부족해서 그런가' 하고만 생각했지요. 예술이란 남에게 감흥을 주어야 하는데 나는 왜 이런가 하고요. 일례로 음악에 대해서는 잘 모르시고 농사만 짓던 저의 아버지가 '음악한다는 놈이 왜 그리 뻣뻣하냐'고 하셨을 정도로 저의 내면에서는 기존의 '가수생활'에 적응하기 위해 필요한 모든 것에 대해서 강한 저항이 있었다고 생각됩니다. 그래서 자연스럽게 그런 모든 것을 그만두게 되었고 빈곤이 찾아왔고, 노래마당에서와

같은 다른 방식으로 활동이 전개되었던 것이지요.

■조금 더 뒤로 돌아가봅시다. 평자들은 초기 노래부터 2~3년 전 노래까지만 해도 강렬한 '고향의식', 초기에는 고향에서 탈피하여 어디론가 멀리 떠나고 싶은 자유의지, 나중에 군대생활과 서울에서의 객지생활 속에서 그리움의 대상으로 되찾고 싶은 고향에 대한 향수에 의해 지배되고 있다는 말을 많이 합니다. 그것은 농촌 출신인 정태춘씨의 노랫말에 호박덩굴, 황소, 논밭, 흰 모래강변, 상여 행렬, 시골 무당, 황토길, 강마을 나룻배, 뛰노는 아이들, 이웃 농사꾼 아저씨 등 고향의 정경이 자주 등장하고 나중에는 대도시에서 바라보는 시각의 고향에서 뿌리뽑힌 도시빈민들의 모습, 돌아가고 싶은 대상으로서의 농촌의 모습과 모두 떠날 수밖에는 없는 황폐한 농촌의 모습이 교차해서 나타나기 때문이 아닌가 합니다. 고향, 향수에 대한 얘기가 노래 속에 자리잡게 된 것은 언제부터인가요?

□사실은 애초에 노래를 지어부르기 시작한 시초가 고향(경기도 평택의 들판 마을)에서 고등학교까지를 보내던 시기였습니다. 눈에 보이는 고향 풍경을 그대로 노랫말에 담아보면서도 군입대 전까지 답답한 심정(음악대학에 진학하려고 바이얼린 공부를 했지만 결국 포기하고 말았던 과정에서 느낀 좌절감)이 몇 차례의 가출로 연결되었고 사춘기다운 방황과 절망감 같은 것도 작용했었지요. 그 이후로도 제 노래에 고향에 대한 얘기가 자주 나오지만, 보통 '향수'라고 말할 때 시인들이 문자를 농하는 관념 속의 풍경이라기보다는 실제로 제 기억에 남아 있는 보이던 그대로의 풍경이었습니다. 그리고 저의 의식이 점차 농촌사람들, 농촌문제, 내 고향의 변모하고 황폐해가는 모습들을 향해서 확장되어감에 따라서, 그리고 나중에는 농업정책과 농촌 전반의 극심한 피해상황에 눈 뜸에 따라서 시각이 달라지고 급속도로 확대되어간 것이지요.

　……배웠단 놈들은 안 돌아오는데
　과학화 영농은 웬말이며
　비료에다 농약에다 땅심은 죽어가도
　내년의 농사는 대풍이라

　농토의 절반은 대처놈 차지라

소작료 바치면 쭉정이뿐이요
사채에다 융자에다 허리가 휘는데
농자는 천하지대본야라.

땅팔아 소팔아 자식놈 갈키고
무식한 농사꾼 병 드는데
보험료 비싸고 병원 문턱 높으니
죽어 나자빠져도 복지사회……
('권주가' 중 일부, 후렴 생략)

■노래극 '누렁송아지'에 등장하는 민요풍의 '권주가'에는 그전의 노래들의 '고향'과는 딴판인 비수 같은 비판의식이 빛나고 있습니다.
　이런 노랫말 역시 과거로부터의 변신의 하나라고 보이는데, 자신이 스스로 느끼는 변화는 어떤 것입니까?
□이전의 노래 속에서는 고향을 좀 미화시킨 경향이 있지만 그것은 의도적인 게 아니라 사랑했기 때문입니다. 그때와 지금이 다르다면 그전의 사춘기적인 정서와 허무, 자학 등 부정적인 감정에서 벗어난 정도지 큰 변화가 있다고는 생각지 않아요. 그 당시만 해도 사춘기적 방황과 자신을 파괴하는 기쁨 같은 것이 자주 '삭발'이라는 행동으로 여러 번 나타났었어요. 군대에 가서도 전경대원이라 머리를 기르고 군대생활을 했는데, 성질나면 나가서 삭발을 하고 들어오거나 했지요.
　그렇다고 해서 시골에서 태어나 원하는 음악공부를 제대로 못했다거나 해서 태생을 원망하거나 '촌놈' 의식 같은 것을 가지고 있지는 않았습니다. 요즘와서는 그전 노래에 등장하는 고향의 기억과 영상이 나 자신의 어린 시절 세상인지 우리 조상들의, 전세대의 체험인지 구별이 안 갈 정도로 지금 현재의 것과는 동떨어져 보인다는 느낌도 듭니다. 드넓은 들판 끝에 개펄이 있고 개펄 끝에는 낭만적으로 표현해서 '저 새상―피안'과 같은 환상적인 먼 공간이 내다보였는데, 그것을 우리는 '물 건너'라고 불렀어요. 저의 노랫말을 자연에 대한 관조라던가 관념적인 세계로 느끼는 이가 많은 것은 실제의 풍경이 그랬기 때문일거예요.

■다른 어떤 가수보다도 초기부터 노랫말의 시적(詩的)인 완성도가 매우 높다는 평을 듣고 있었고, 요즘도 그 다변(?)과 강도 높은 어휘구사력은 대단한데, 시인으로 나갈 생각이 있었던 것은 아니었나요?

□전혀 없었어요. 고교 때까지도 교내 백일장에서 입상 한 번 못했어요. 그러나 시조 같은 정형시들을 좋아해서 성에 낀 버스 창문에다 시조 같은 것을 즉흥적으로 지어쓰는 '장난'을 많이 했는데 그게 나중에 노래 지을 때 도움이 된 것 같아요. 가사로서는 시조나 정형시의 스타일이 친숙하니까요.

■최근의 노래에서는 그런 정형을 일부러 깨뜨리고 무척 장황한 감이 들 정도로 노랫말이 길고 거창해져 있습니다. 그래서 오히려 초기 노래보다 전달력이나 모두 함께 애창할 수 있는 보편성이 축소되고 일방적으로 들어주는 노래, 부르는 노래보다 듣는 노래가 되어간다는 비판도 적지 않은데요…….

□지금은 제가 열과 신명이 나서 끓고 있는 시기입니다. 담으려는 내용이 많으니 정형이 깨어지고 가사가 길어지니 노래가 어려워지고 전문성의 세계로 '전락'해가고 있다는 자아비판도 하고 있습니다.

■'전락'이라는 표현에서 오히려 희망이 느껴지는데, 그럼 자신이 전문음악인으로서 어떤 방향으로 나아갈 것인가, 예컨대 최근에 접목을 시도하고 어느 정도 성공하기도 했던 기타와 국악기들의 합주반주라든가 다양한 민족음악 지향의 실험 같은 것은 어떤 의도이며 얼마나 성공하고 있다고 느끼는가 알고 싶군요

□지금과 같은 문화풍토 속에서 저 자신이 '전문음악인'인가 자문한다면 '아니다'라고 말할 수밖에 없습니다. 또 '가수'냐 하면 그것도 아닙니다. 나는 '음악' 쪽에 심혈을 기울여서 더 세련되고 멋진 작품을 만들려고 노력할 것인가 하는 데 대해서는 부정적입니다. 지금으로 더 급한 것은 논리적인 체계를 잡는 일, 자신에게 부족한 의식(통찰력)을 더 세워야 하는 게 아닌가 느껴집니다. 예를 들어 요즘 노동판이나 대학교 총학생회에서 대회 같은 것을 열 때 많이 나섭니다만 노래가 어떤 목적에 기여해야 할 때는 전에처럼 글재주 정도로는 안되고 보다 '의식적'이 되어야 한다고 실감했습니다. 물론 서정적인 설득력의 중요성은 알고 있으며, 지금의 노래들

이 제 작업의 귀결점이나 목표에 도달한 게 아니라 나 자신의 상황이며 '과정'이라는 것도 인식하고 있습니다.

■이론에 대한 컴플렉스 같은 게 아닌가 의심받을 수도 있겠군요.

　이론이 마라톤 같은 가사와 격렬한 사설조의 노래를 통해서 일차적으로 표출되고 있다고 보아도 되겠습니까? 앞으로 어떤 계획을 통해서 자신을 정리해나가겠습니까?

□유신 초기 재수를 포기하고 가출할 무렵 이후로 한동안 대학생에 대해서 늘 위축감을 느꼈었습니다. 그후 그런 것들을 극복하고 이젠 많은 행사도 그들과 함께 합니다. 요즘 하는 일과 앞으로의 계획에서 가장 중요한 것이 있다면 나 자신을 파악하는 것부터 제대로 해보자는 것입니다. 사실 제 노래가 기존의 상업음악 속에서 잘 팔렸다지만 저는 거기 적극적으로 가담하지는 않았습니다. 그럼 저나 제 노래는 무엇일까요. 제가 최초로 1988년초에 청계피복노조에 초대되어 현장 지원의 첫 케이스로 무대에 섰을 때 강한 인상을 받았습니다. 전에도 서울시 주최 노동자문화제 같은 데 나가봤지만 느낌이 전혀 달랐어요.

　12만명 피복 노조원 중 불과 3~4백명이 참가했는데, 그 활동의 활성화에 필요하다면 나를 얼마든지 사용하라는 기분이었습니다. 지금도 저는 제가 기꺼이 '사용되고 있다'고 생각하는 쪽이고 제 노래 자체에 구체적으로 정치성이나 정치적인 힘이 있어서가 아니라 남들이, 저의 대중성을 사용하고 있다고 봅니다. 언젠가는 저의 노래가 정치적 성향과 힘을 구체적으로 획득, 발휘할 수 있어야 한다는 것입니다.

■'누렁송아지' 이후 반외세 민족주체성 확립의 시각이 두드러지는 많은 노래들을 써왔고, 오늘 써서 가지고 오신 '황토강으로'와 '우리들 세상은' (이제 집 사기는 다 틀렸네, 니미, 더런 놈의 세상, 미친 놈의 세상, 승질 나서 뒈지겠네……로 시작한다) 같은 노랫말도 역시 메시지의 치열함이나 선동력(?)의 면에서는 초강경입니다. '힘'을 발휘하는 노래를 이런 방향으로 생각하고 있습니까?

□어떤 특정한 한 가지 표현양식만 있는 것은 아니겠지요. 그러나 이제까지 우리는 부드럽고 침잠하는 정서, 퇴영적이고 무기력한 정서, 현실 도피, 패배주의, 피안의 세계에 대한 동경이나 현실 관조, 냉소적인 의식과

정서들로 더럽게 뒤범벅된 문화를 '향유'하여왔습니다.

근래의 엄청난 상업주의, 서구 지향의 사대주의, 가진 자들의 향락성에 의한 오염 등이 현재 우리 대중음악의 심각한 문제라고 볼 때 이런 문화적인 현상은 단순히 문화적 원인에 의해서만 일어나지는 않습니다.

문화는 정치적 산물 아닙니까? 구체적으로 우리 문화에 있어서 '한'의 정서를 집요하게 강요, 주입시켰던 일제나 독재권력들의 의도는 민중의 힘을 나약하게 하려던 정치적 음모요, 현재의 식민지적 문화상황도 구미의 패권적 정치세력의 치밀한 계산에 의한 것일진대 이러한 모순과 억압과 착취구조를 깨기 위해 이젠 '노래'가 그것들에 대한 공격을 구체적으로 해야 할 때입니다. 나는 이러한 지금 우리의 상황을 심각하게 느끼고 있고 그래서 내 노래는 또 우리들의 노래는 이제 우리민족의 '힘찬 정서'를 찾아내어 그것을 바탕으로 직설적인 노래, 일어서서 외치게 하는 노래가 필요한 때라고 생각합니다. 그렇게 하는 것이야말로 왜곡된 역사, 타락한 시대의 배설물로서의 노래가 아니라 역사와 시대에 옳게 복무하고 함께 나아가는 '이 시대의 노래'의 바른 자리가 아니겠습니까?

그는 지금의 노래들이 표현에 있어서 절제를 안하고 마구 뱉은 것같이 보이는 것은 그동안의 사적 체험과 개인감정에 안주했던 자신의 상황과 한계에 대한 반발일 수도 있다면서, 노래를 통한 대중투쟁을 계속해 나갈 것을 선언하고 있었다. 노랫말만 가지고 얘기하더라도 시에서 산문으로, 산문에서 격문으로 변모해오고 있는 정태춘, 그는 우수에 찬 그윽한 허공의 세계, 대중과의 거리를 띄워 신화 속의 존재로 이득을 얻으려는 상업음악의 세계로부터 지상에 내려와 이제는 '도랑을 타고 넘치는 황토물'에 발목을 적신 채 깃발을 들고 전진하는 모습으로 보였다. 그가 이제 막 만들었다는 새 노래 '황토강으로'의 노랫말이 그런 모습을 가장 확연히 드러내주는 선언문처럼 여겨졌다.

저 도랑을 타고 넘치는 황토물을 보라
쿨렁쿨렁 웅성거리며 쏟아져 내려간다
물도랑이 좁다, 여울목이 좁다

강으로, 강으로 밀고 밀려간다

막아서는 가시덤불, 가로막는 돌무더기
예라, 이 물줄기를 당할까보냐
차고, 차고 넘쳐간다

어여 가자, 어여 가 구비구비 모였으니
큰 골짜기, 마른 골짜기 소리 지르며 넘쳐가자
어여 가자, 어여 가 성난 몸짓, 함성으로
여기 저기 썩은 웅덩이 쓸어버리며 넘쳐가자

가자, 어서 가자 큰 강에도 비가 온다
가자, 넘쳐가자 황토강으로 어서 가자
가자, 어서 가자, 가자, 넘쳐가자

어여 가자, 어여 가 쿠르룽 쾅쾅 산도 깬다
옛다 번쩍 천둥 번개에 먹장구름도 찢어진다

어여 가자, 어여 가 산 넘으니 강이로다
강바닥을 긁어버리고 강둑 출렁 넘실대며

가자, 어서 가자 옛 쌓은 뚝방이 무너진다
가자, 넘쳐가자 황토강으로 어서 가자
가자, 어서 가자, 가자, 넘쳐가자
― 황토강으로

정태춘 연보

●1954년 3월 경기도 평택에서 5남 3녀의 일곱째로 태어나다

정태춘의 집은 농사를 짓는 집이었다. 그의 아버지는 농사가 주업이었지만 가끔 쌀을 도시로 내다 파는 도매업을 하기도 할 정도로 장사에 수완이 있는 사람이었다. 자기 땅을 가지고 농사를 짓는 덕분에, 그리 넉넉하게 잘 산다고 할 정도는 못됐지만 아들들을 모두 고등학교까지 보낼 정도의 생활을 유지할 수 있었고, 그도 어린 시절을 가난으로 불편하게 보내지는 않았다.

●고향과 어린 시절

미군부대가 있는 지역이었지만 기지촌의 분위기가 있는 곳은 미군부대 비행장 정문 쪽 마을 뿐이었고 평택 읍내나 그가 살던 도두리(棹頭里)는 비교적 평범한 읍내요 농촌이었다. 물론 미군부대에서 일을하는 사람들도 있었고 그들을 통해서 미군부대 물건들이 흘러나오고, 또 학교를 오가는 길에 그 부근에서 많이 놀기도 했지만, 기지촌이나 미군부대에 대해서 특별히 강한 인상을 받은 것은 거의 없다.

경기도의 맨끝인 평택 중에서도 그가 살던 마을은 맨끄트머리에 있어서, 그 마을 사람들은 말씨나 풍습도 경기도보다는 충청도에 가깝고 장도 평택장을 보는 것이 아니라 충청남도 둔포(屯浦)에 서는 장을 보러 다녔다. 끝도 없이 평야가 펼쳐져 있고 마을 한 쪽에는 강과 바다가 만나는 넓

은 갯벌이 있었고, 그리고 누런 황포돛을 단 새우젓 배가 들어오곤 했었다. 어린 시절 이러한 고향 마을의 모습은 일종의 원형적 체험처럼 그의 작품 곳곳에 드러나고 있다. 그의 집 뒷울타리 밑에 피어있던 꽃들, 그 울타리 너머 펼쳐진 들판, 그 너머에는 어린 그로서는 한 번도 가보지 못한 물, 그 물 건너 시집간 동네 처녀, 그 처녀가 근친온다고 반가와하던 아주머니들 얼굴, 둔포리 장보러 가는날 동네 아저씨들의 모습, 커다란 돛을 펄럭이며 들어오는 황포돛배 등 어릴 적 고향 마을의 아득한 체험들은 1950년대 후반의 삶이라기보다는, 현재의 그에게는 마치 그 이전 시대의 삶까지 한꺼번에 체험한 것 같은 느낌으로 남아 있으며, '전통'이라고 말할 때 느껴지는 어떤 것을 형성하는 기본 체험이었다. 그리고 그것은 인간 본연의 가장 아름답고 정겨운 삶의 원형으로 그의 머릿속에 남아 있다. 이러한 어린시절의 고향 마을은 그후 많이 달라졌다. 마을 사람들은 갯벌을 개간해서 농토를 늘려갔고, 해마다 농토는 늘어가는 대신 갯벌은 줄어들었다. 지금은 아산만 간척으로 이전의 황포돛배는 구경조차 할 수 없게 되었다. 고등학교에 들어갈 무렵 갯벌 개간은 상당히 진척되어 마을의 정경은 상당히 달라졌다. 새로 개간한 벌판은 소금기가 채 빠지지 않아 곡식이 제대로 자라지 못해 나무 한 그루 없이 황량했으며, 봄이면 서해 쪽에서 불어오는 심한 흙바람에 낮에도 해가 달처럼 보일 정도였다. 그나마 이제는 다른 마을처럼, 가난 때문에 이농하여 폐가가 되어버린 집들이 늘어가

고 있고, 그때 갯벌을 개간하면서 시작된 개간지를 둘러싼 땅분쟁은 몇 십 년을 두고 아직도 해결되지 않고 있다.

●국민학교 5학년 때 처음 기타를, 중학교 때부터 바이올린을 배우다

그는 농촌에서는 일찍이 기타를 만지기 시작했다. 국민학교 5학년때 미 군부대를 다니던 큰 매형이 기타를 하나 구해왔는데, 그것을 그와 세째 형 이 틈만 있으면 가지고 놀았다. 당시 그는 악보는 볼 줄 몰랐지만 한 번 들 은 노래는 기타로 선율을 연주할 수 있었다. 그러다가 본격적인 음악수업 은 중학교 때 바이올린을 배우는 것으로 시작된다.

그가 평택중학교에 다닐 때 처음으로 학교에 현악반이 생겼고, 그의 기 타솜씨를 눈여겨 보고 있던 네째 형의 강력한 권유로 그는 현악반에 들어 가 바이올린을 배우게 된다. 그 즈음 세째형이 마련한 서양 클래식음악 디 스크들을 매형 집에서 들으면서 그 음악의 세계로 빠져들어갔다. 고등학 교 2학년 때까지 학교에서 바이올린을 배울 수 있었으나, 현악반 담당 선 생님이 학교를 떠나면서 현악반은 밴드부로 통합이 되어버렸고 써클 분위 기도 달라져버렸다. 담배도 몰래 피우고 공부도 안하고 그 지역에서 기타 치고 노래부르는 친구들과 어울려 다녔다. 70년, 71년 즈음이었던 그때 그들은 팝송과 함께 당시 유행하던 초기 포크송을 많이 불렀다. 현악반 활 동을 하면서 바이올린으로 음악대학에 진학하려고 마음먹었던 그는 이런

1972년 평택고등학교 졸업식 후
어머니와 교문에서

분위기에 휩싸여 다니다가 첫 해 대학진학을 포기하게 된다.

●재수, 그리고 방황

1972년 그는 서울에 있는 세째 형과 함께 자취를 하면서 재수를 했다. 본격적으로 음대 진학을 위해서 당시 을지로 6가에 있었던 서울음대를 드나들면서 정식으로 레슨도 받았고, 아버지와 형님들은 없는 돈을 모아 그 때로서는 거금인 30만 원짜리 바이올린을 그에게 사주었다.

그러나 그는 공부에는 그리 열심이지 못했다. 고등학교 때부터 자신이 못 생겼다는, 지금으로서는 우습기 짝이 없는 위축감 등으로 사춘기병을 심하게 앓고 있었고 헤세와 이상에 심취했고, 잘 알지 못하면서도 쇼펜하우어를 읽었고, 항상 방황하고 죽음을 생각했다. 그는 레슨을 받으러 다니면서도 항상 바이올린 케이스 안에는, 니코틴과 DDT 등을 섞어 자신이 조제한 독약을 넣고 다녀야 마음이 놓였다. 결국 그는 입시를 몇 달 앞둔 그 해 가을 10월유신 발표 방송을 들으면서 재수생활을 때려치우고 짐을 쌌다. 그날 결국 그가 도착한 곳은 밀양이었다.

아는 사람도 없었고 처음부터 작정을 하고 온 것도 아니었다. 그냥 무작정 차를 타고 밤에 대전에 도착해서 어디로 갈까 생각하다가 정한 곳이었다. 밀양에서 머슴살이 할 곳을 찾다가 그는 목욕탕 보일러에 불을 때는 화부로 일을 하게 된다. 그는 아무한테도 자신이 있는 곳을 알리지 않으려

하다가 자신과 가장 성격이 비슷하고 가출 경험도 있는 세째 형만은 비밀을 보장해줄 것 같아 연락을 했다. 그리고 그는 가출한 지 20일만에 세째 형에게 잡혀 집으로 돌아왔다.

그때부터 그는 군에 입대할 때까지 고향에서 농사를 짓고 집안일도 도우며 살았다. 물론 즐거운 것은 아니었다. 농사일에 몸이 고되어서 그런 것은 아니었고 사춘기적 방황이 채 정리되지 않았기 때문이다.

이렇게 견디다 견디다 답답함을 못 참겠으면, 갑자기 삭발을 해버리거나 집을 나와 돌아다녔다. 그는 거의 일 년에 한 번 꼴로 가출을 했는데, 물론 치밀하게 준비를 한다거나 하지는 않았고, 어느날 갑자기 짐을 싸가지고 목적지도 없이 훌쩍 떠나곤 했다. 두번째 가출의 종착역은 울릉도였고, 세번째는 목포를 거쳐 제주도로 갔다. 이 시기 그는 고은의 초기 시를 좋아하였고 허무에 대해서 많은 생각을 하였다. 후에 디스크로 발표한 초기의 노래들은 바로 이 시기, 재수를 시작하면서 짓기 시작한 것이다. 처음부터 발표를 할 생각이 있는 게 아니었으므로, 그냥 일기나 시를 쓰는 것처럼 노래도 그렇게 쉽게 만들었고, 고향 마을의 풍경과 방황하고 싶은 마음을 그저 솔직하게 노래로 털어놓은 것은 그래도 그에겐 살맛 나는 일이었다.

1975년 전경대
근무요원들과 함께

●1975년 군에 입대하다

이렇게 그는 계속 떠나고 싶어했고 벗어나고 싶어했다. 그러나 결국 떠나지 못했다. 그를 고향에서 확실히 떠나게 한 것은 군 입대였다.

그는 인천 부근 해안가와 고양경찰서 기동타격대에서 근무를 했다. 이제 비로소 그에게 고향은, 내가 살고 있는 고향, 떠나고 싶은 고향이 아니라, 돌아가고 싶은 그리운 고향이 되었다. 군대에 있으면서도 답답하면 가끔 삭발도 하고 노래도 지었다. 정문 근무를 서면서 혹은 그냥 무료하게 앉아 있을 때, 기타도 없이 그냥 노래들을 지었다. '서해에서'와 '시인의 마을', '사랑하고 싶소', '여드레 팔십리(목포의 노래)' 등은 군대에 있을 때 만든 노래들이다.

1978년 6월 제대한 그는, 입대 전부터 안면이 있었던 경음악평론가 최경식의 주선으로 서라벌 레코드사와 인연을 맺게 된다. 원래 스크랩이나 앨범 정리 등을 좋아했던 그는 자신이 만든 노래를 차곡차곡 모아두었는데, 그 중 몇 곡을 뽑아 취입을 한 것이다. 그의 첫 음반의 출반이 그해 11월이었으니까 제대하자마자 출반을 했다고 해도 과언이 아니었다. 일은 순조롭게 풀려나갔다. 첫 음반은 반응이 좋았고, 음반사에서는 매달 생활비를 지급했다. 지금이나 그때나 돈 많이 벌어 부유하게 살고 싶은 욕심은 애초에 없었던 그는, 자신이 하고 싶은 일을 하고 조촐한 자취방에서 살 수 있을 정도의 생활에 만족했다. 또한 1978년 그와 비슷한 처지의 신인

포크송의 열풍이 거의 끝난 1978년
가요계에 순조롭게 데뷔한 그는…

가수였던 박은옥과 만나 연애를 시작하였다. 원래 연애라는 것이 사람을 적잖이 괴롭히는 것이어서 약간의 갈등은 있었지만, 그런 갈등을 빼놓고서는 모든 것이 편안했다. 그의 삶에서 가장 편안하고 만족스러운 시기였다. 1979년 MBC 신인가수상과 TBC 방송가요대상 작사부문('촛불')상을 수상했다.

●1980년 두번째 음반 출반

결혼, 새로운 고민이 시작되었다. 그는 드디어 1980년 5월 박은옥과 결혼한다. 주위와 음반사에서는 너무 이르다고 충고했지만 그들은 결혼을 강행했다. 그러나 바로 이 시기를 계기로 그는 새로운 고민에 봉착한다. 그는 차츰 텔레비전에 출연하는 인기 연예인 노릇이 점점 힘들어지기 시작했다. 그냥 노래만 부르면 되는 것이 아니라 쇼맨쉽도 길러야 하고 오락 프로그램에도 나가야 했다. 그런 것을 하지 말아야한다고 생각한 것은 아니지만, 도대체 자신과는 너무도 맞지 않는다는 느낌이 들었다. 하면 할수록 편해지는 것이 아니라 점점 불편하고 견디기 어려웠다. 그것은 그의 아내 박은옥도 마찬가지였다. 그러나 그런 방송 출연을 그만둔다면 그들의 생활은 점점 어려워질 수밖에 없는 것이었다. 1979년부터 준비를 하여 1980년 1월, 그러니까 결혼하기 몇 달 전에 출반된 그의 두 번째 음반 '사랑과 인생과 영원의 시'는 첫 음반처럼 반응이 좋은 것은 아니었다. 어떻게 보면 첫 음반보다 그의 특성은 더 잘 드러나 있는데, 잘 팔리는 음반은 아니었다. 그의 음악세계가 바뀐 것은 아니었다. 그는 늘 솔직하게 있는 그대로를 드러내었고 일기를 쓰듯이 노래를 만들었다. 단지 첫 음반은 그가 1972년부터 모아두었던 노래들 중 음반사가 보기에 인기를 얻을 만한, 몇 안되는 작품들을 뽑아 모은 것이었기 때문에 상업적 성공을 할 수 있었던 것에 반해, 두번째 음반은 '촛불'이나 '사랑하고 싶소'와 같은 상업적 성공을 할 수 있는 작품이 하나도 없었기 때문이다. 실제로 그의 전체 작품 중에서 '촛불'과 같은 사랑과 그리움의 노래를 그다지 많지 않다. 그가 만들어둔 노래 중에는 더이상 '촛불'과 같은 사랑노래가 없었으며, 첫번째 음반에서 그의 재질을 인정한 음반사는 두번째 음반에서는 선곡 등을 그에게 맡겨두었다. 결국 첫 음반에서는 잘 나타나지 않았던 그의 본래의 모습이 두번째 음반에서는 뚜렷이 드러난 셈이었고, 그것은 상업적 성공과는 거리가 먼 것이었다. 인기를 얻지 못한다는 것은 당장 생계의 문제로 닥쳐왔다. 그가 별다른 실적을 올리지 못하고 음반사도 경영이 어려워지자 음반사가 그동안 대주던 생활비 지급이 중단되었다. 결혼까지 하고서 경제적 궁핍을 겪게 된 것이다.

●세번째 음반 '우네'가 출반된다

이런 상태에서 만든 세번째 음반 '우네' 역시 상업적으로는 실패했다.

막연한 상념이나 방황이 아니라
자신의 일에는 인자하고 관대하면서
타인에게는 관용이 없는 소인배들의
그릇된 애착과 욕망을 질타한다

음반의 앞면에 실린 '새벽길', '우네', '비야 비야' 등은 가야금, 피리, 해금 등의 국악반주로 연주되어 있는 공들인 음반이었다. 특히 '에헤라 친구야'는 앞면에서는 국악으로, 뒷면에서는 양악으로 연주되어 있으며, 음반 '시인의 마을'에서는 양악으로 연주된 '여드레팔십리'가 이 음반에는 국악으로 편곡, 연주되어 있어, 홍미있는 대비거리를 제공하고 있는 보기 드문 음반이다. 딸 새난슬이 태어나서 식구는 늘었는데, 경제적인 문제는 해결되지 않았다. 포장마차를 할까, 뭐를해서 먹고 살까, 별 생각을 다 하게 되었다. 경제적으로 궁핍한 상황이 그를 매우 어지럽고 복잡한 고민으로 빠뜨렸다. 인기를 위해서 내키지 않는 노래를 만들 수는 없었고 갑자기 억울하다는 생각을 갖게 되었다. "내게 무슨 문제가 있길래 이렇게 살아야 하나" 하는 생각이 들었다. 고민을 풀기 위해서 노력하였다. 그러나 그의 고민이 그렇게 시원스레 풀리는 것은 아니었다. 잃어버린 고향에 대한 이야기, 현재에 대한 고민 등등이 뒤범벅되어 드러났다. 하지만 그의 고민은 그 이전 시기에 비해서 삶과 사회에 가까와진 성숙함과 절실함을 보이고 있었다. 더 이상 사춘기식의 사치스런 고민은 아니었다. 이 시기에 만들어져, 여덟번째 음반인 '무진 새노래'에 실린, '그의 노래는', '얘기2', '실향가' 등은 이 시기 그의 고민의 편린을 보여준다.

'정태춘·박은옥 애기 노래마당' 공연
1985년 3월 서울 샘터 '파랑새 소극장'

●1984년 '떠나가는 배,' 1985년 '북한강에서' 출반과 '애기노래마당'

'정태춘·박은옥의 얘기 노래마당'으로 활동 재개하는 한편 경제적 궁핍을 견디지 못해 너무도 불리한 조건으로 계약을 한 지구레코드에서 네 번째 음반을 내게 되었다. 그것이 '떠나가는 배'였다. 이 음반은 잘 팔렸고 그의 경제적 궁핍은 어느 정도는 해결되었다. 그러나 이 역시 모든 고민을 완전히 해결해주지는 못했다. 하지만 이는 그 이전의 몇 년 동안의 활동의 공백을 깨고 활동을 재개하는 것을 의미했다. 1985년 1월부터 시작하여 1987년 10월까지 계속된 '정태춘·박은옥의 얘기 노래마당'으로 그는 다시 활발한 활동을 시작하였다. 서울과 부산, 대구, 마산, 인천, 광주, 진주, 천안, 제주, 청주, 충주, 대전, 전주, 춘천, 원주, 울산 등 거의 전국 방방곡곡을 돌아다니면서 공연을 가졌다. 공연의 규모는 크지 않았으며 대개 소극장이었다. 거의 3년에 걸친 소극장 공연은 그의 활동에 새로운 전기가 되었다. 이제까지 방송이나 음반으로만 대중을 만나왔기 때문에 대중과의 만남은 항상 간접적이었던 것에 비해 이 공연은 전국 각지의 관객과 만나 아주 가깝게 그들과 이야기를 나누고 노래를 부르고 대중의 반응을 즉각적으로 확인할 수 있었던 것이다. 그는 이 자리를 통해 음반이나 방송에서는 할 수 없었던 여러 이야기를 나누었다. 서구와 미국 지향의 음악문화 풍토, 방송체계 자체의 문제, 전통문화의 문제 등 평소 그가 단편적으로나마 뚝심있게 생각했던 문제들에 대해 비교적 자유롭게 이야기를

271

그는 국악에 대해
남다른 애정과 욕심을 가지고 있으며
이를 자신의 음악 속에서 실현하고자 한다

나눌 수 있었고, 또 이러한 이야기를 하면서 스스로 머릿속에서만 엉켜 있던 문제들을 하나씩 실마리를 잡을 수 있었다. 또한 그 동안 심의에 걸려 음반으로는 발표할 수 없었던 '인사동'과 같은 노래들도 공연을 통해 부를 수 있었다. 이 '얘기 노래마당'과 함께 '시인의 마을'이라는 책 출간을 함께 준비하였고, '얘기 노래마당'이 막 시작했을 때인 1985년 3월에 성음사에서 출간하였다. 이 책에는 여태까지 그가 지었던 노래의 가사와 악보가 거의 다 실려 있다. 그 중에는 이전에 음반으로 발표된 작품도 있지만 미발표작도 상당수이고, 책 출간 후에 음반으로 발표된 노래들도 실려있다. 그로서는 '얘기 노래마당'과 함께 여태까지 자신이 해왔던 작업들을 정리하고 되새기며 객관화시켜보는 기회였다. '얘기 노래마당'을 하면서 두 개의 음반을 만들었다. 1985년에 제5집인 '북한강에서'를 출반하였고, 1987년에는 '정태춘·박은옥 발췌곡집'으로 그동안 발표되었던 작품 중에서 잘 알려진 노래들만을 모은 음반이었다. 그의 활동은 한동안의 침체를 극복하고 완전히 본궤도에 오른 셈이었다.

●1988년 '정태춘 박은옥 무진 새 노래' 출반과 새로운 경향의 창작 시작

3년은 짧은 시간이 아니었다. 그가 '얘기 노래마당'을 하고 있었던 3년 동안 우리 사회에는 커다란 사건들이 줄을 이었다. 결국 민중의 힘으로

'무진' 음반 사진

1987년 6월투쟁이 일어났고 제5공화국이 무너졌다. 이러한 사건들을 겪으면서 사람들은 사회와 정치를 보는 의식에 상당한 변화를 겪었다. 그도 이러한 사회의 변화 속에서 자신의 고민들을 보다 구체화하고 해결하기 시작했다. 1988년에 출간된 제6집 음반 '정태춘 박은옥 무진 새 노래'에서는 그동안 심의를 의식하여 발표하기 힘들었던 몇 편의 노래들이 실렸고, 신작인 '아가야 가자'가 실렸다. 그로서는 이러한 작품들이 그 이전에 만들어 놓았던 작품을 다듬어 발표한 것이었으며, 단지 6월투쟁으로 가시화되었던 민중의 힘이 공연윤리위원회로 하여금 일시적이고 부분적으로나마 심의기준을 완화하지 않으면 안되게 함으로써 비로소 음반으로의 발표가 가능해진 것이라 할 수 있다. 그러나 대중들에게 이러한 것은 상당한 변화로 받아들여졌고, 실제로 이 음반의 출반을 계기로 작품창작이나 활동의 새로운 변화를 뚜렷이 드러내기 시작했다. 1987년 이후에 창작한 '다시 가는 노래', '버섯구름의 노래', '어허 배달나라 광영이여'는 이전 작품에 비해 보다 뚜렷하게 사회적 현실에 대한 형상화를 시도하고 있으며, 국악이 가지고 있는 힘을 계승하고자 하는 의도가 명확히 드러나고 있다.

●공연 '송아지 송아지 누렁송아지'와 집회장 출연

1988년 겨울부터 그는 이전과는 다른 새로운 모습으로 대중과 만나기 시작한다. 1988년 겨울 청계피복노조 주최의 작은 집회에 참가하여 노래

1988년 이후
그는 대중과 새로운 모습으로
만나기 시작한다

를 부르기 시작하여, 그는 이제 대중집회의 단골손님이 되었다. 그는 작은 소극장과 폐쇄된 스튜디오가 아니라 대학 운동장에서, 대학로에서, 대학생과 노동자들의 집회장에서, 즉 탁 트인 광장에서 고무신 신은 차림으로 노래를 부르게 되었다.

그의 감수성은 이제 내적으로 침잠하는 듯한 폐쇄적 자기고백적 정서를 성큼 넘어서서 탁 트인 광장에 모인 집단화된 대중의 아우성 같은 정서를 아름다운 것으로 받아들이는 데에 이르게 되었고, 둔탁하고 거친 것 같으면서도 부드럽고 힘있고, 사람들을 집단화시키는 한국북의 소리를 아름답다고 느끼게 되었다.

그의 변화를 단적으로 보여주는 또 하나의 계기는 공연 '송아지 송아지 누렁송아지'였다. 1988년 12월에 시작하여 1989년 10월에 이르는 약 10개월간 전국을 걸치면서 이루어졌던 이 공연은, 그를 결정적으로 변화시킨 계기이기도 했다.

1988년에 들어서서 그는 1987년 이후에 만들어진 새로운 경향의 노래들을 중심으로 하는 공연 '송아지 송아지 누렁 송아지'를 통해 전국의 대중들과 이전과는 다른 방식으로 만날 계획을 구체화하였다. '송아지 송아지 누렁송아지'는 이전의 대중가요 공연들과는 달리 처음부터 끝까지 전체가 일관된 흐름을 가진 작품으로서 노래와 사설, 슬라이드 등의 구성으로 일관된 주제의식을 관철시키고 있는 공연이다. 특히 비나리식의 사설

'송아지 송아지 누렁 송아지' 공연 모습

과 국악반주, 그리고 마지막의 20여개의 북을 사용하여 한국적 힘의 정서를 형상화하려는 시도를 하고 있고 그것이 이 작품의 주제와 맞아떨어지고 있어, 다른 대중가요 공연과는 내용이나 형식, 정서의 질에서 현격하게 다른 공연이었다. 그의 머리 속에 슬라이드라든가 풍물굿의 삽입 등을 완벽히 생각하고 시작한 것은 아니었다. 슬라이드 사용은 뭔가 새로운 양식의 공연을 구상하던 중 슬라이드를 맡은 강호준의 제의로 쓰게 되었고, '배달나라 영광이여' 중간에 들어가는 풍물굿은 첫 공연인 부산공연 때 풍물패들의 즉흥적 제의에 의해 이루어졌는데, 반응은 좋았다. 그는 이것은 행운이라고 생각하고 있는데, 한편으로 보자면 이전과는 다른 새로운 공간에서 새로운 방식으로 관객과 만나게 되다보니 자연스럽게 예술운동의 여러 성과들과 만나게 된 것이라고 할 수도 있다.

이렇게 만들어진 이 공연은, 애기 노래마당과 제6집 음반을 통해 부분적으로 대중에게 드러내보였던 그의 변화된 모습을 대중에게 가장 뚜렷이 확인시킬 수 있는 계기였다고 할 수 있다. 1988년 12월 부산에서 시작한 이 공연은, 실내에서 이루어지는 유료공연으로는 다음해 4월초 서울에서 일단락된다. 공연일정은 다음과 같다.

88년 12월 16일 19:30, 17,18일 16:30, 19:30 부산 경성대 콘서트홀
89년 3월 11, 12일 19:00 진주 경남문화예술회관 대공연장
3월 18, 19일 18:00 대구 시민회관 대강당

'송아지 송아지 누렁 송아지' 전국순회 공연은
그의 활동에 하나의 획을 긋는 일이다

3월 25, 26일 16:00 광주 전남대 대강당
3월 31일, 4월 1,2일 16:00, 19:00 서울 연세대학교 100주년 기념관

●공연 '송아지…'를 전국적인 대중집회로

　여태까지의 활동의 관행으로서는 이것만으로도 굉장한 일이었으나, 그 뒤의 공연들을 생각하면 이것은 단지 서막이었다. 그는 더 큰 일을 저지를 구상을 하고 있었다. 전국 각 대학의 총학생회와 결합하여 당시 가장 커다란 이슈 중의 하나였던 전교조 지지 무료 야외공연을 할 계획을 세운 것이다. 각 대학 총학생회나 지역 총학생회 연합에서 이 공연을 초청하는 형식으로 제작비 150만원과 만명 단위의 대중이 모일 수 있는 운동장이나 야외공연장을 제공하고, 그는 무료로 공연을 하면서 공연 프로그램을 팔아 모자라는 제작비를 충당하고, 공연 도중 전교조를 위한 모금을 하여 전교조에게 재정적인 도움을 주는, 그야말로 대중가요권의 관행으로서는 상상할 수 없는 방식의 공연이었다. 야외에서 이루어지는 무료공연이란, 게다가 '올바른 교육의 자리매김을 위한 기획공연'이라는 제목이 붙여진 전교조 지지공연이란 단순한 공연일 수만은 없었다. 그것은 이미 전교조 지지를 위한 대형집회였다. 그의 대중적 명성과 그 지역 전교조, 운동단체들의 대중동원력이 총동원되어, 1989년 9월부터 꼬박 한 달 동안 전국에서는 대형 대중집회가 이루어졌다. 총관객은 20만명이 넘었고, 총제작비는 5천

'송아지 송아지 누렁 송아지' 야외공연 모습
(89. 10 광주 전남대 운동장)

여만원이었으며, 프로그램 판매액만도 천만원에 이르렀다. 그리고 전교조 지원 모금액은 2천 5백만원 정도였다. 한 달 동안 18회의 공연을 치루는 것이어서, 5톤짜리 트럭 두 대에 장비를 싣고 버스 한 대에 꽉 찰 정도의 공연자들과 함께 매일처럼 지역을 이동해야 하는 강행군이었다. 상세한 공연일정은 다음과 같다.

89년 9월 20일 충주 건국대	21일 청주 충북대
25일 춘천 강원대	26일 강릉 관동대
30일 대전 한남대	10월 5일 인천 인하대
6일 수원 수원대	7일 서울 한양대 8일 서울 이화여대
9일 서울 연세대	11일 대구 계명대 14일 부산 부산대
15일 울산 울산대	16일 마산 경남대
18일 이리 원광대	19일 전주 전북대
20일 목포 목포대	21일 광주 전남대

(기획, 제작·삶의 문화)

공연의 형식이 달라짐에 따라 공연의 내용도 달라졌다. '송아지 송아지 누렁송아지'가 전교조에 관한 이야기가 아니었기 때문에, 극단 현장과 결합하여 막간에 전교조 이야기를 담은 짧은 마당극을 새로 만들어 삽입하

였고, 본 공연이 시작하기 전에는 총학생회에서 마련한 프로그램과 전교
조 등 교육운동 담당자들이 직접 나와 이야기하는 시간이 마련되었다. 원
래 공연에 없던 '우리들의 세상'이 막간에 불려졌고, 후반부의 북춤도 극
단 현장이 맡아 마당에서 펼쳤다. 공연의 분위기가 대중과 함께 호흡하는
북적한 집회적 공연의 분위기로 바뀜으로써, 실내공연에서조차 남아 있었
던 폐쇄적 정서의 잔재는 완전히 청산되는 등 음악의 정서적 내용이 야외
공연에서의 대중의 진보성을 흡수하면서 놀랄 만큼 건강하게 바뀌었다.
그는 모금함을 돌리면서 '전노협진군가'를 부르고 전교조 지지의 구호를
외쳤고 관중들은 라이타불을 반짝이며 호응하였다.
　무료공연을 하느라 개인적인 재정문제에 관한 한 좀 손해도 보았고 겁
없이 처음 벌인 집회적 공연이라 문제가 없는 것은 아니었지만, 그는 이
과정을 겪으면서 사회현실과 사회운동, 예술운동, 음악운동에 대해서 새
롭게 눈뜨게 되었다. 구호를 외치는 것이 어색하지 않게 되었고, 예술운동
이나 음악운동을 하는 사람들과의 정서적 거리감도 많이 좁혀졌다. 그는
이 공연을 통해서야 비로소 노래운동·음악운동이라는 것이 독자적 유통
구조와 수용자층, 역사를 가진 독자적 흐름을 형성하고 있다는 사실을 확
실히 느끼게 되었고, 이 공연을 계기로 그도 이미 그 안으로 한걸음 들어
섰음을 알게 되었다.

광주 전남대 운동장

●음악운동으로의 본격적 진입과 불법음반 '아, 대한민국…'

1989년 가을 '한돌 정태춘 노찾사'라는 합동공연은 계기로 그는 본격적으로 음악운동권이라는 사람들과 함께 공연을 하는 기회를 갖게 된다. 그후 전노협 건설을 위한 '꽃다지' 서울공연, 1990년 들어서서 이루어진 많은 수의 대형 합동공연에는 거의 참가하였다. 이제 대학이나 재야단체의 집회에 참가하는 것은 일상적인 일이 되었다. 고향인 평택에서 열리는 평택 미군기지 반대를 위한 시민모임의 집회에 참가를 하였다. 이제는 완전히 음악운동의 일원이 된 것이다.

음악운동을 통해 사회운동에 들어서서 활동하게 되면서, 세계관 자체도 많이 변하였다. 막연한 민주주의 의식 정도를 생각하고 있던 수준에서 벗어나 구조적 모순이란 게 무엇인지에 대해서도 보다 분명하게 생각하게 되었다. 그러면서 이제 노래와 음악을 한다는 것이 얼마나 어렵고 복잡한 것인지도 알게 되었고, 때때로 그러한 세계관과 활동의 변화를 함께 하지 못한 아내나 친구들과 갈등을 겪기도 한다. 그러나 그는 자신이 보다 성숙해지면 해결될 것이라고 생각하고 있다. 그러나 근년에 들어서는 아내 박은옥이 부를 만한 노래를 전혀 짓지 못해 작곡자로서 가수인 아내에게 미안한 마음을 가지고 있다.

279

이 시대의 토종 소리꾼 정태춘,
그는 어디까지 갈 것인가

    새로운 공연들을 통해 음악운동의 한가운데로 본격적으로 뛰어든 그는, 이제는 그러한 성과를 모아 새로운 음반을 내야겠다는 생각을 하였다. 그는 '무진 새노래' 이후의 노래들과 이전에 공윤심의에 걸려 음반화하지 못했던 '인사동' 등을 다시 심의에 넣었다. 그 많은 작품 중 심의에 통과된 것은 고작'황토강으로' 뿐이었다. 공윤의 본질은 조금도 달라지지 않았다. 오히려 공윤이 가진 지배이데올로기 수호라는 본질은 이전보다 더 명확히 알 수 있었다.

    반려처분은 예상치 못한 일이 아니었다. 그리고 그는 이에 정면으로 맞서겠다는 각오를 했다. 즉 불법음반을 내는 것이다. 정부에서 아직은 음악운동권의 비공식음반에 대해서는 큰 제재를 가하고 있지 않고 있지만, 이미 대중가요계에 데뷔를 한 그의 경우는 좀 다를 것이라는 추측을 하고 있다. 현행 음반법에 의하면 불법음반 제작은 2년 이하의 징역이나 300만 원 이하의 벌금형에 처하도록 되어 있다. 정부는 그에게 현행법을 적용하려고 할 가능성이 높다. 그러나 그런 만큼 부당한 음반법에 대한 투쟁은 이미 어느 정도의 대중적 명망성을 획득한 자신과 같은 사람이 앞에 나서야 효과적일 수 있다는 생각을 하였다. 게다가 1990년 봄 국무회의에서는 악법인 음반법을 더욱 개악시킨(처벌 강화와 음반시장 전면 개방) 개정안을 마련해놓지 않았는가.

    이 새로운 음반을 만드는 작업은 힘든 것이었다. 이전과는 노래의 내용과

아, 대한민국 자켓

정서, 관행이 달라져서 기존의 대중가요 편곡자들에게는 편곡을 맡길 수가 없었고 모두 자신이 맡아야 했다. 풍물이나 국악까지를 대중음악적 요소와 결합시키는 반주작업도 쉬운 일이 아니었다. 이렇게 만들어진 것이 1990년 12월에 나온 '아, 대한민국…'이다. 음질이나 편곡, 가창, 연주 등이 아주 만족스러운 것이 아니지만, 열심히 만들었다는 자부심을 가지고 있다.

80년대 초반 그의 고민과 방황은 이렇게 사회의식과 한국적 힘의 정서를 받아들이면서 해결의 실마리를 찾기 시작하여, 민족음악운동에 본격적으로 뛰어듦으로써 새로운 활동의 방향을 정립하였다. 그는 정말 숨가쁘게 변모·발전해가고 있다. 1987년에 지었던 '배달나라 광영이여'의 과거취향과 봉건성, 물량주의를 1989년에는 부끄러워하게 되었고, 막연히 국수주의적·복고적 취향으로 가지고 있던 국악에 대한 친밀감을 부정하고 미래지향적인 것으로 바꾸어 나갔다. 이제 그는 음악운동의 개인활동가로서 보다 정확하고 확고한 세계인식과 예술인식, 그리고 노동자는 물론 소시민들까지 놓치지 않는 대중성을 어떻게 확보할 것인가를 진지하게 고민하며, 이렇게 늦게야 운동을 접하게 된 것을 안타까워 한다. 너무도 빠르고 급작스러워 보이는 그의 변화에 우려를 표명했던 사람들도 이제는 그의 변화가 한순간의 들뜸이 아니라는 것을 알게 되었다. 그리고 자신은 음악운동에 있어서 일종의 별종이므로 그와 같은 경우의 사람만이 할 수 있는 일이 있다고 생각한다. 그는

대중음악인이자 음악운동에 종사하는 진보적 예술인으로서 그의 발전은
대중가요의 새로운 가능성을 제시하는 것이다.

게 변모·발전해가고 있다. 1987년에 지었던 '배달나라 광영이여'의 과거
취향과 봉건성, 물량주의를 1989년에는 부끄러워하게 되었고, 막연히 국
수주의적·복고적 취향으로 가지고 있던 국악에 대한 친밀감을 부정하고
미래지향적인 것으로 바꾸어나갔다. 이제 그는 음악운동의 개인활동가로
서 보다 정확하고 확고한 세계인식과 예술인식, 그리고 노동자는 물론 소
시민들까지 놓치지 않는 대중성을 어떻게 확보할 것인가를 진지하게 고민
하며, 이렇게 늦게야 운동을 접하게 된 것을 안타까와 한다. 너무도 빠르
고 급작스러워 보이는 그의 변화에 우려를 표명했던 사람들도 이제는 그
의 변화가 한순간의 들뜸이 아니라는 것을 알게 되었다. 그리고 자신은 음
악운동에 있어서 일종의 별종이므로 그와 같은 경우의 사람만이 할 수 있
는 일이 있다고 생각한다. 그는 곱고 예쁜 노래도 지어야 한다고 생각하며,
대중가요인이자 음악운동 종사 자로서 올바른 처신을 하려고 힘쓰고 있다.
　우리나라 대중가요사상 전무하다고 할 만큼 특이한 변화과정을 겪어온 정
태춘, 그가 앞으로 대중음악이자 음악운동에 종사하는 진보적 예술인으로서
얼마나 치열하게 살며 발전할 것인지는 바로 우리 대중가요의 가능성을 점
치는 하나의 시금석의 구실을 할 것임에 틀림없다.

엮은이 이영미

1961년 서울에서 태어나 고려대학교 국어국문학과와 같은 대학원을 졸업했다. 1984년부터 대중가요를 비롯한 대중예술, 민중가요, 연극, 등에 대한 평론과 연구를 해왔고, 한국예술종합학교와 성공회대 등에서 오랫동안 강의했다.
저서로는 『한국대중가요사』, 『한국대중예술사, 신파성으로 읽다』, 『대중예술본색』, 『흥남부두의 금순이는 어디로 갔을까』, 『신데렐라는 없었다』, 『마당극 양식의 원리와 특성』, 『대학로 시대의 극작가들』, 『동백아가씨는 어디로 갔을까』, 『세시봉 서태지와 트로트를 부르다』, 『광장의 노래는 세상을 어떻게 바꾸는가』, 『요즘 왜 이런 드라마가 뜨는 것인가』 등이 있다.

정태춘

엮은이 이영미
펴낸이 김종수
펴낸곳 한울엠플러스(주)

초판1쇄 발행 1989년 11월 15일
개정판5쇄 발행 1997년 4월 23일
개정판6쇄 발행 2025년 4월 25일

주소 10881 경기도 파주시 광인사길 153 한울시소빌딩 3층
전화 031-955-0655
팩스 031-955-0656
홈페이지 www.hanulmplus.kr
등록번호 제406-2015-000143호

Printed in Korea.
ISBN 978-89-460-2418-2 03680

※ 책값은 겉표지에 표시되어 있습니다.